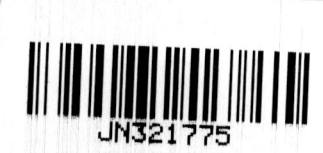

まるごとわかる

住まいの建築設備

快適な環境を作る設備設計の考え方

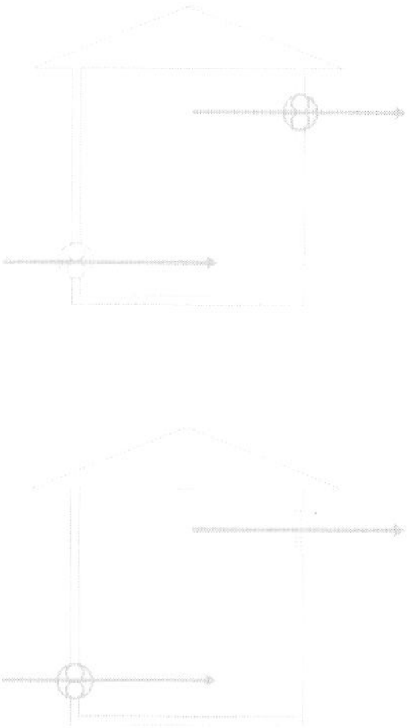

山田 浩幸【著】

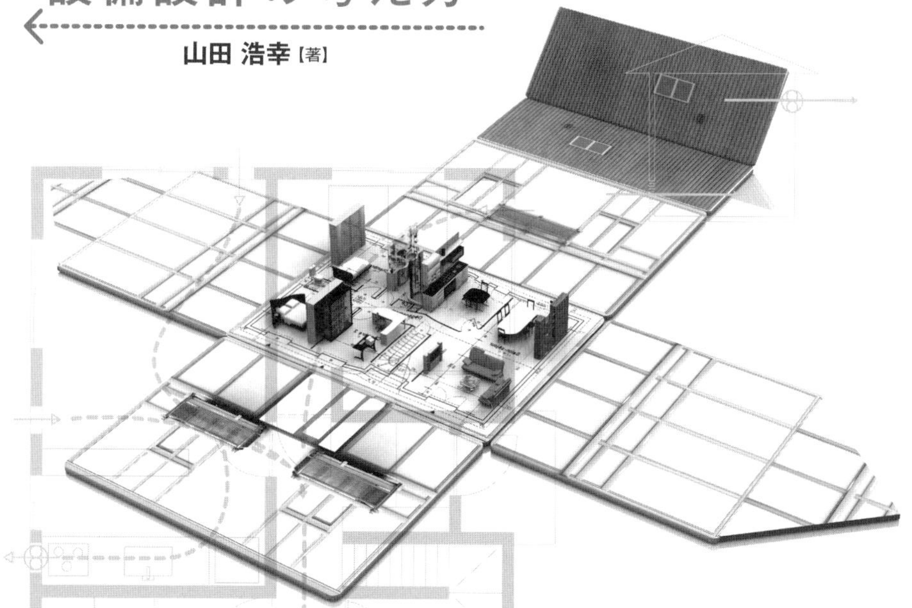

Ohmsha

読者の方々へ

2011 年 3 月 11 日、日本は 1000 年に一度とも言われる東日本大震災を経験した。以来、住宅を建てる際、建て主が建物に求める優先順位も大きく変化した。より確実な耐震性はもとより、太陽光エネルギーを代表とする自然エネルギーの積極的な活用、できるだけ電力に頼らない方法の模索、創エネ・蓄エネなどの最新設備機器の導入など、その関心と優先度が高くなってきている。

こうした建て主の関心の変化を待つまでもなく、これからの建築設計には、環境工学の正確な知識といわゆる「エコ設備」に関する新技術の知見がなければ、建て主の要望を正確に捉えることが難しいのは言うまでもない。にもかかわらず、本来建築をトータルでコーディネートすべき設計者のなかには、特に建築設備に関しては、不確かな知識と数少ない経験をもとに、その場を適当にやり過ごしてしまう人もいるだろう。

環境工学は、昔から設備設計の分野とされてきた。安全で快適な室内環境や都市環境を実現するため、建築設備を介して何ができるのか。建築設備は、インフラから始まり、温熱、湿気、換気、音響、照明など考慮すべきことは多岐にわたる。また、その内容はどんどん複雑化してきており、加えて、創エネ・蓄エネといった新技術も注目されている。

デザインやコストが先行する建築に、パワー勝負で設備を導入する時代は終わった。これからは、人間にとって良好な環境を最小限のエネルギーで実現するために、建築計画のなかで設備をコントロールすることが必要ではないだろうか。

現在の建築設計に求められているニーズを踏まえて、建物全体の環境技術を総合的に把握し、全体を取りまとめていく能力がなければ、設計者として生きていくのはますます難しくなるだろう。本書は、建築設備がうまく機能し、省エネでかつ快適な空間づくりに役立ててほしい、そんな願いを込めて、住宅に関する建築設備についてまとめている。住まいと設備の良好な関係づくり——本書がその一助になれば幸いである。

2013 年 11 月

山 田 浩 幸

目次

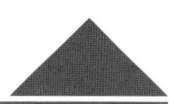

第3章 空調換気設備の計画 65

第4章 電気設備の計画 95

第1章

設備設計をはじめる前の準備

1-1 建築設備の重要性

建築設計の 3 つの設計チームって何だろう？

一般的に建物の設計を行う際は、大きく分けて意匠・構造・設備の 3 つの設計チームで行う。3 つの設計チームそれぞれの役割分担をわかりやすく説明するために、ここでは建築設計の役割を人体にたとえて説明する。

■ 意匠設計

意匠設計は、顔や体型といった人体であれば表面上に見える部分にあたる。身体全体の構成や方針を決めるのは意匠設計の役割となる。

■ 構造設計

構造設計は、人体であれば骨にあたる部分となる。意匠設計による身体全体の構成や方針を基に、複数の骨によって身体全体を支える丈夫でバランスの取れた骨組み（骨格）を決定する。

■ 設備設計

設備設計は、内臓器官の配置や血液を送るための通路となる血管やそれぞれの機能をコントロールする脳や神経といった身体機能の方針を決定するすべての役割を担う。構造設計と設備設計は、決して表面上に見えてくるものではないが、これらの配置やバランスを間違えると、人体と同様、時間の経過とともに不調をきたしてしまうのでとても重要な部分となる。

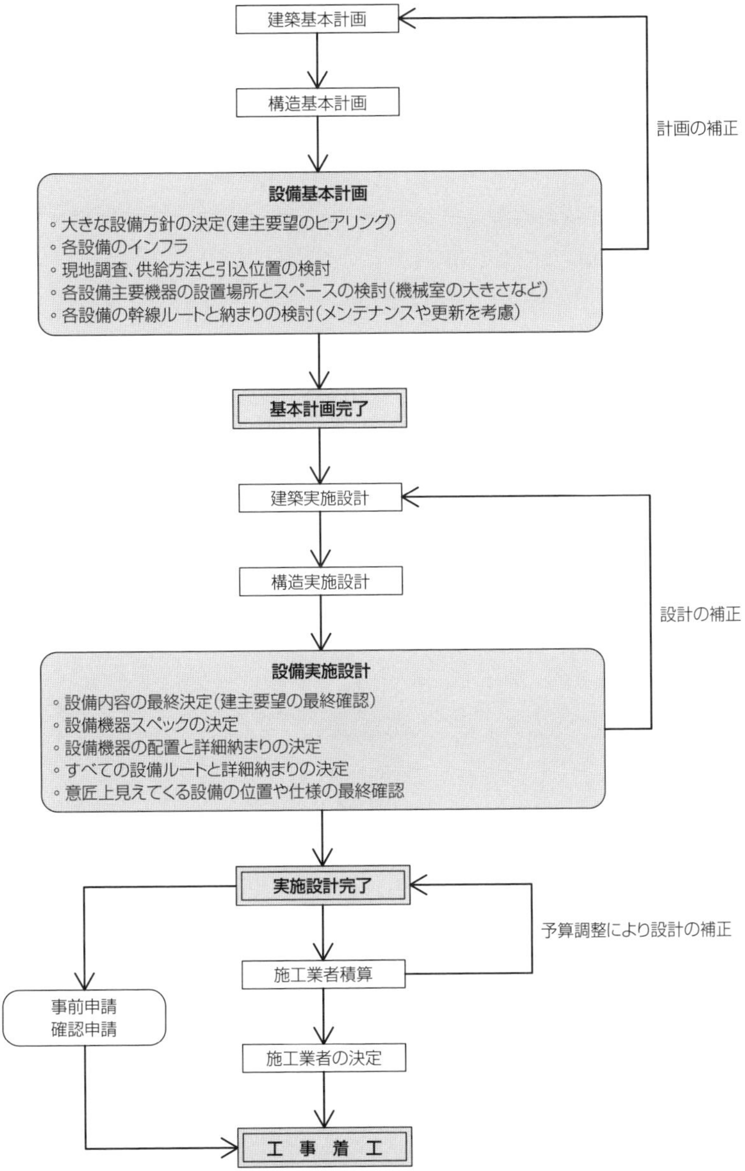

設備の計画や設計のタイミングを間違えると、設計工程に大きな狂いが生じるケースもあるため、
早めに設備設計者に相談し、計画に加わってもらうようにする。

図 1·1　建築設備の工事着工までの流れ

1-2 よい建築とするには

チームのよいバランスがよい建築の基礎

建築設備とは「建物の機能を司るすべての部分」である。人体同様、身体が健康であり続けるための大切な役割を担っている。

戸建住宅は、意匠・構造・設備の 3 つの要素をそれぞれをきちんとバランスの取れた状態で完成することによって、50 年、100 年と長く使い続けられるすばらしい建物となる。近年の住宅建築において、設備の占める割合は増える一方であり、建築設備の重要性は年々非常に高まっている。それをもう一度再認識し、建築設備全般について広く理解を深めることが、今後の建物設計において重要なテーマとなる。

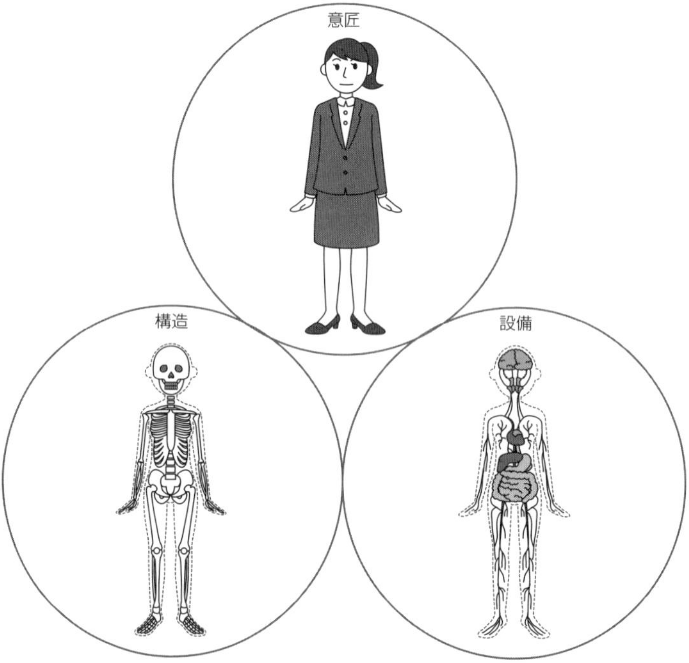

外見はおじいちゃん、おばあちゃんになっても、身体が健康であり続けるための大切な役割を果たすものが建築設備である。「美人薄命」ということわざがあるが、建築はそうあってはならない。

図 1·2　健康な建築

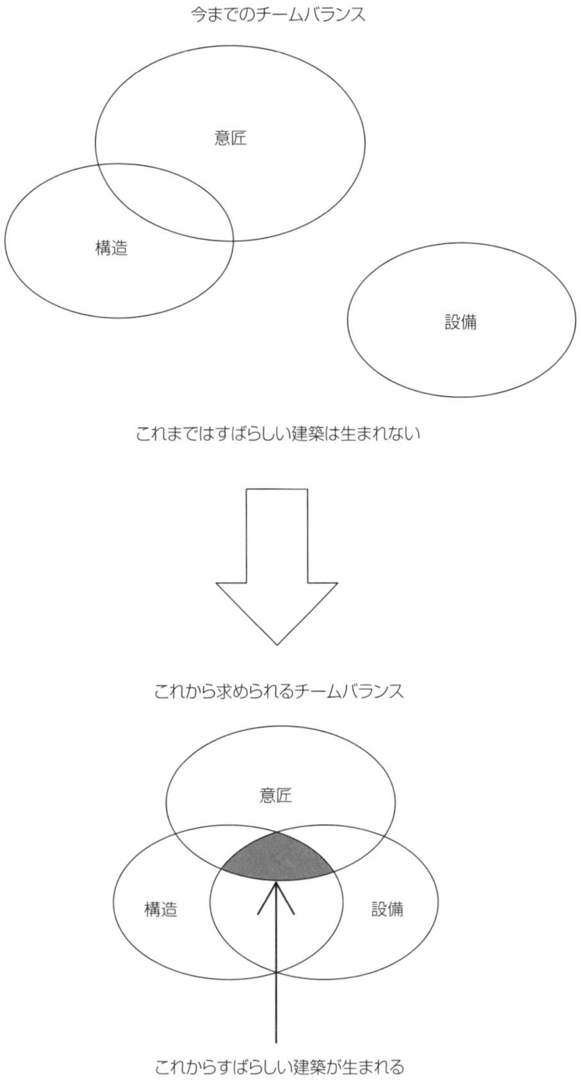

図 1·3　3 つの設計チームのバランスが重要

1-3 戸建住宅の 3 つの設備

建築設備は、主に給排水衛生設備、空調換気設備、電気設備の 3 つに分けられる。

まずは給排水衛生設備

給水設備

建物に生活上必要な水を供給するため、上水道本管から受水して供給するための設備である。給水設備が適切でないと、水量不足や水圧不足などが起こる原因となる。

給湯設備

風呂・洗面台・キッチンなどに加熱した水を供給するため、給湯器などから必要な湯量を供給するための設備である。給湯設備が適切でないと、湯量不足や水圧不足、出湯までの時間が異常に長くかかってしまうなどの原因となる。

排水通気設備

生活で使用された生活排水や雨水、湧水、エアコンのドレン水などを速やかに、かつ、衛生的に敷地外に排出するための設備である。適切に機能しないと、室内の異臭や、排水時の異音の原因となる。

ガス設備

建物にガス管を引き込み、給湯・調理・暖房・発電などの燃料として利用するための設備である。都市ガスと LP ガスの 2 種類があり、ガス漏れ事故などが起こらないよう高い安全性が求められる。

次に空調換気設備（空気調和換気設備）

冷暖房設備

年間を通じて、建物を快適な温度・湿度に保つための設備である。一般にはエアコンや床暖房などの設備を指す。室内の快適さだけでなく、ランニングコストがかからない低エネルギーのための配慮が必要となる。

換気設備

建物内で発生した汚染された空気を速やかに外部に排出し、新鮮な外気を必要な量だけ取り入れ、健康的な室内環境を保つための設備である。機械の騒音や、外気の取り入れ方などへの配慮が必要となる。

最後は電気設備

電力引込み設備

電力を前面道路の電線より引き込むための設備である。近年は家庭内で使用される電気機器の増加により、電力の必要容量も増えている。将来の機器増を見越した余裕のある容量で引き込む必要がある。

電灯コンセント設備

各室の照明器具のスイッチとコンセントの設備である。電気設備として最も使い勝手に直結する設備であり、デザイン性も求められるので、建て主の志向やライフスタイルを十分に把握しておく。

弱電通信設備

電話やインターネットなどに使用する設備である。電話機やファックスだけでなく、インターネット用の光ケーブルや双方向テレビ用の設備も必要になる。電力引込み設備と同様、将来の通信環境を見越して、予備のスペースを確保しておくなどの検討が必要となる。インターホンも通信設備に含まれる。

テレビ設備

屋上にアンテナを立て、テレビ電波を受信する設備である。ケーブルテレビ会社、光ケーブルで受信する方法もある。チャンネル数や月々の受信料金などに違いがあるため、建て主からのヒヤリングが欠かせない。

住宅用火災警報器

消防法により設置が義務化されている。万一の火災時に逃げ遅れがないように、原則として寝室や階段などの天井や壁に設置する。火災の初期段階において煙や熱を自動的に感知し、警報音または音声によって火災発生を知らせる。

その他

音響・映像などの AV 設備・ホームセキュリティなどの機械警備設備なども電気設備に含まれる。

1-4 現地調査に行く前に

現地に足を運ぶ前に、管轄の諸官庁などでインフラ設備の事前調査を必ず行う。この調査をしないと建築計画やスケジュールに影響を与えることがある。

水道局で調査すること

① 上水道台帳で、前面道路の上水道本管の位置と管径、計画敷地における既存の給水引込管の有無と位置、引込管の口径を確認する。

② 今回予定している給水引込管の口径を局の担当者に申告し、新設で引き込むことの可・不可、既存の給水引込管が存在する場合は、再利用の可・不可を確認する。

③ 建物規模を局の担当者に申告し、予定している給水方式の可・不可（設計水圧）を確認する。

④ メータの設置予定場所の可・不可を確認する。特に水道直結方式の場合は、水道局の指導があるので注意する。

⑤ 水道加入（負担）金の有無を確認する。

⑥ 確認申請前の事前協議の有無を確認する。

下水道局で調査すること

① 下水道台帳で、前面道路の下水道本管の位置と管径、計画敷地内における既存の排水公設桝の有無と位置、放流管の口径を確認する（下水道台帳は、下水道局によってはインターネットでダウンロードが可能）。

② 計画敷地が生活排水・雨水排水の合流地域か、分流地域かを確認する。分流方式の場合は、雨水の処理方法を確認する。

③ 既設の排水公設桝（下水道局が管理する計画敷地内の排水を最終放流するための桝）がある場合は、再利用の可・不可を確認する。存在しない場合は、新設設置の可・不可と設置費用負担の有無を確認する。

④ 下水道加入（負担）金の有無を確認する。

⑤ 確認申請前の事前協議の有無を確認する。

⑥ 雨水の流出抑制の指導の有無を役所などに確認する。

ガス会社（都市ガス）で調査すること

① 前面道路の都市ガス本管の位置と管径、計画敷地内における既存のガス引込管の有無と位置、ガス引込管の口径を確認する（電話連絡でも対応可能。ガス会社によってはインターネットでダウンロードが可能）。

② 予定している建物全体でのガス使用量を担当者に申告し、新設で引き込むことの可・不可を確認する。

③ 前面道路からの新設引込みが不可の場合は、ガス会社の負担による都市ガス本管の延長が可能かどうか、供給管の延長協議を申告する。

④ 都市ガスの引込みが不可の場合は、LP ガスで計画する。

電力会社で調査すること

建物全体で使用する電力容量を決定したうえで、管轄の電力会社に連絡し、事前協議の有無を確認する（建物直受け方式か引込柱方式かを確認）。事前協議が必要な場合のみ、電力会社と打ち合わせる。その際、オール電化を希望している場合はその旨を伝える。

電話会社で調査すること

① 建物全体での必要回線数を決定したうえで、管轄の電話会社に連絡し、事前協議の有無を確認する。事前協議が必要な場合のみ、電話会社と打ち合わせる。

② 光ケーブル引込みの可・不可を確認する。

役所で調査すること（雨水流出抑制）

① 建物概要を申告し、雨水流出抑制の要・不要を確認する。

② 雨水流出抑制が必要となる場合は、各自治体で「雨水流出抑制の指導要綱」を入手する。

③ 雨水流出抑制の事前申請提出時期を確認する（確認申請との関連性を確認する）。

そして現地調査での確認事項は？

以上の事前協議を済ませた上で、事前情報と現地状況の照合を行う。食い違いがある場合には、対応を管轄の諸官庁へ問い合わせする。

① 計画敷地内にある下水道本管、マンホールなど既存目標物の有無と位置測量を行う。

② 既存の水道メータ位置を上水道台帳と照らし合わせる（現地確認位置を優先とする）。

③ 排水公設桝の位置を下水道台帳と照らし合わせる（現地確認位置を優先とする）。

④ 電柱位置と電柱番号を確認する（電柱移設を希望する場合は、別途電力会社との協議が必要）。

チェック項目	チェック欄
・電力会社での調査内容	□建物全体で使用する電力容量を決定したうえで、管轄の電力会社に連絡し、事前協議の有無を確認 （建物直受け方式か引込柱方式かを確認）
	□事前協議が必要な場合のみ、電力会社と打合せる。その際、オール電化を希望している場合はその旨を伝える。
・電話会社への調査内容	□建物全体での必要回線数を決定した上で、管轄の電話会社に連絡し、事前協議の有無を確認
	□事前協議が必要な場合のみ、電話会社と打合せをする
	□光ケーブル引込の可・不可を確認
・ケーブルテレビ会社への調査内容	□ケーブルテレビの供給可能エリアを確認（電話連絡で対応可能）
・その他の現地調査事項	□計画敷地内にある下水道本管、マンホールなど、既存目標物の有無と位置測量を行う
	□既存の水道メーター位置を上水道台帳と照らし合わせる（現地確認位置を優先とする）
	□排水公設桝の位置を下水道台帳と照らし合わせる（現地確認位置を優先とする）
	□電柱位置と電柱番号を確認（電柱移設を希望する場合は、別途電力会社との協議が必要）

図 1·4　計画敷地の事前調査チェックシート（電気設備）

チェック項目	チェック欄
・水道局での調査内容	□上水道台帳（給水道本管埋設図）を入手
	□前面道路の上水道本管の位置・管径を台帳にて確認
	□計画敷地の既存給水引込管の有無、引込位置、引込管口径を台帳にて確認
	□予定している給水引込管の口径を担当者に申告し、新設引込が可能かを確認
	□既存の給水引込管が存在する場合は、再利用の可・不可を確認
	□予定している新設引込の位置とメーター設置位置を局の担当者に申告し、可・不可を確認
	□上水道埋設本管の設計水圧を確認
	□引込管の使用管種について指定があるかを確認　（指定管種の範囲も確認）
	□水道加入（負担）金の有無と金額を確認
	□確認申請前の事前協議の有無を確認
・下水道局での調査内容	□下水道台帳（下水道本管埋設図）を入手　※下水道局によってはインターネットでダウンロードが可能
	□前面道路の下水道本管の位置・管径を台帳にて確認
	□計画敷地の既存排水公設桝の有無、位置、放流管の口径を台帳にて確認
	□計画敷地が生活排水・雨水排水の合流地域か、分流地域かを確認
	□分流地域の場合は、雨水の処理方法を確認
	□既存の排水公設桝がある場合は、再利用の可・不可を確認
	□ない場合は、新設設置位置の可・不可を確認
	□下水道加入（負担）金の有無を確認
	□確認申請前の事前協議の有無を確認
	□雨水の流出抑制の指導の有無を確認　（役所にて指導している場合もある）
・役所での調査内容（雨水流出抑制）	□建物概要を申告し、雨水流出抑制の可・不可を確認
	□雨水流出抑制が必要となる場合は、各自治体で「雨水流出抑制の指導要綱」を入手
	□雨水流出抑制の事前申請提出時期を確認　（確認申請とのからみを確認）
・ガス会社（都市ガス）での調査内容	□前面道路の都市ガス本管の位置・管径、計画敷地内における既存のガス引込管の有無と位置、ガス引込管の口径を確認 （電話連絡でも対応可能。ガス会社によってはインターネットでダウンロードが可能）
	□予定している建物全体でのガス使用量を担当者に申告し、新規で引き込むことの可・不可を確認
	□前面道路からの新規引込が不可の場合は、ガス会社の負担によるガス本管の延長が可能かどうか、供給管の延長協議を申告する
	□都市ガスの引込が不可の場合は、LP ガスで計画する

図 1·5　計画敷地の事前調査チェックシート（給排水衛生設備）

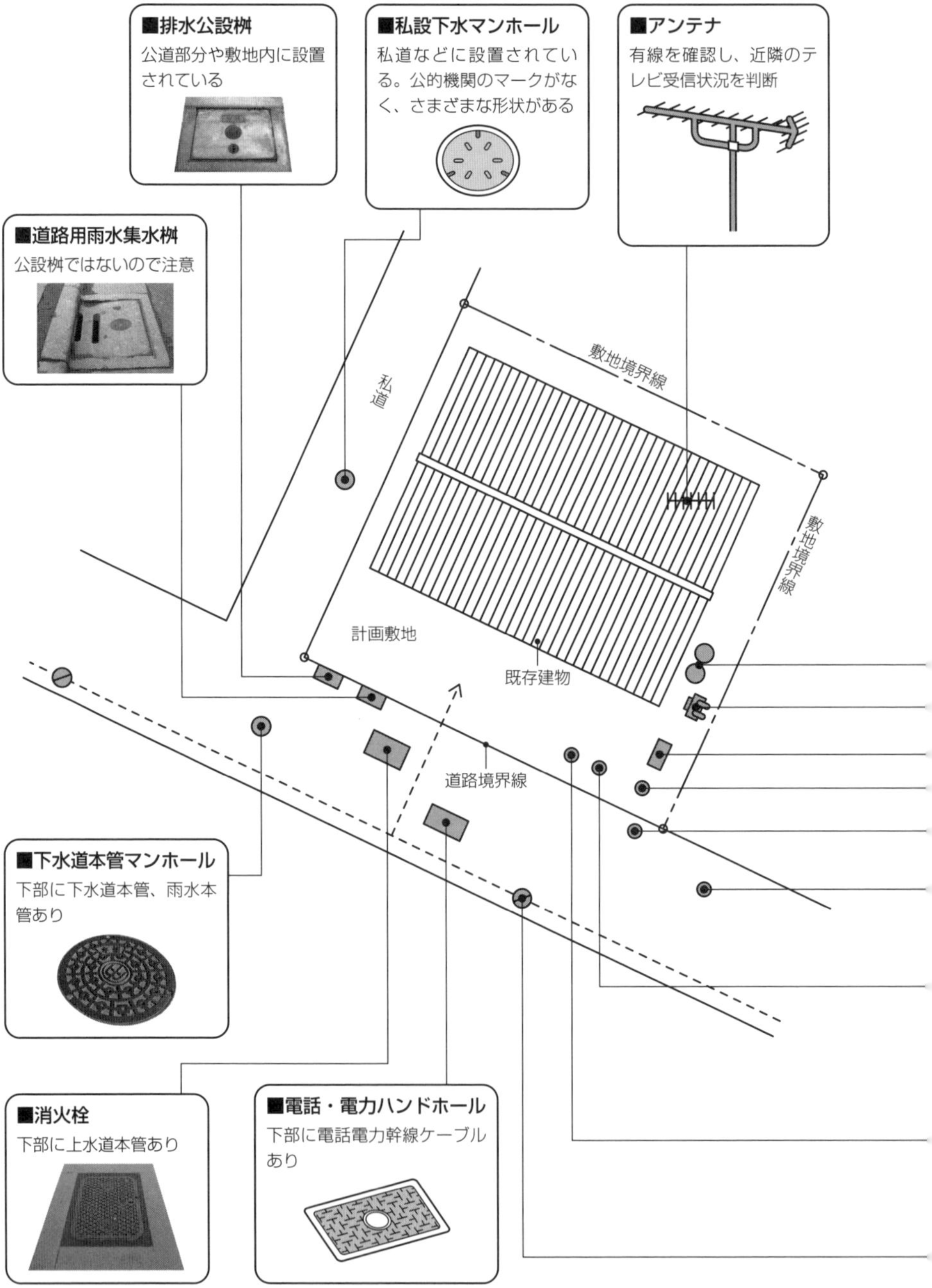

図1·6　計画地での調査ポイント

■LP ガスボンベ

都市ガス供給地域でない可能性を示す

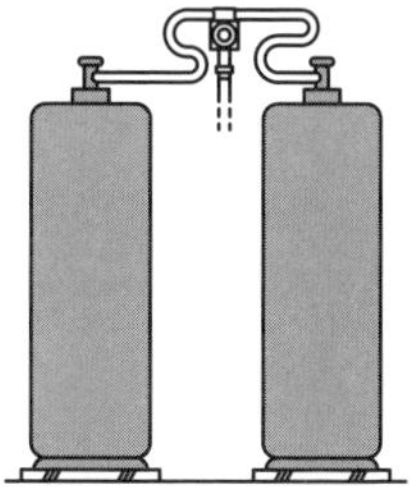

■ガスメーター

現地にあれば、会社名を確認する

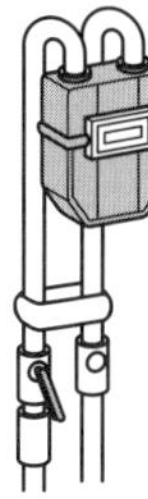

■量水器（水道メーター）

水道管の引込み位置・給水引込管の口径の目安となる。必ず上水道台帳と照らし合わせて確認する

■止水栓フタ

宅内の引込管のバルブ。下部に給水引込管がある

■ガスピット

下部にガス本管あり

■制水弁フタ

下部に給水本管あり

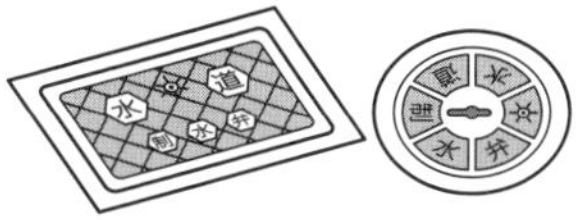

■ガス遮断弁

ガス本管から敷地内への引込管の遮断用

■ガス会社杭

現地にあれば、都市ガスの宅内引込み位置が判断できる

■電柱　※電話柱と兼用している場合

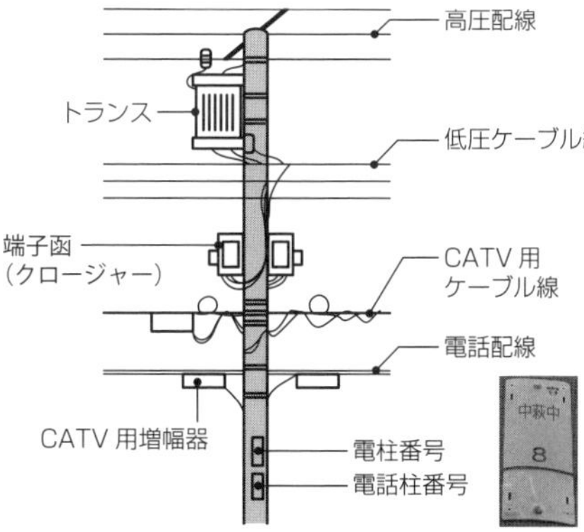

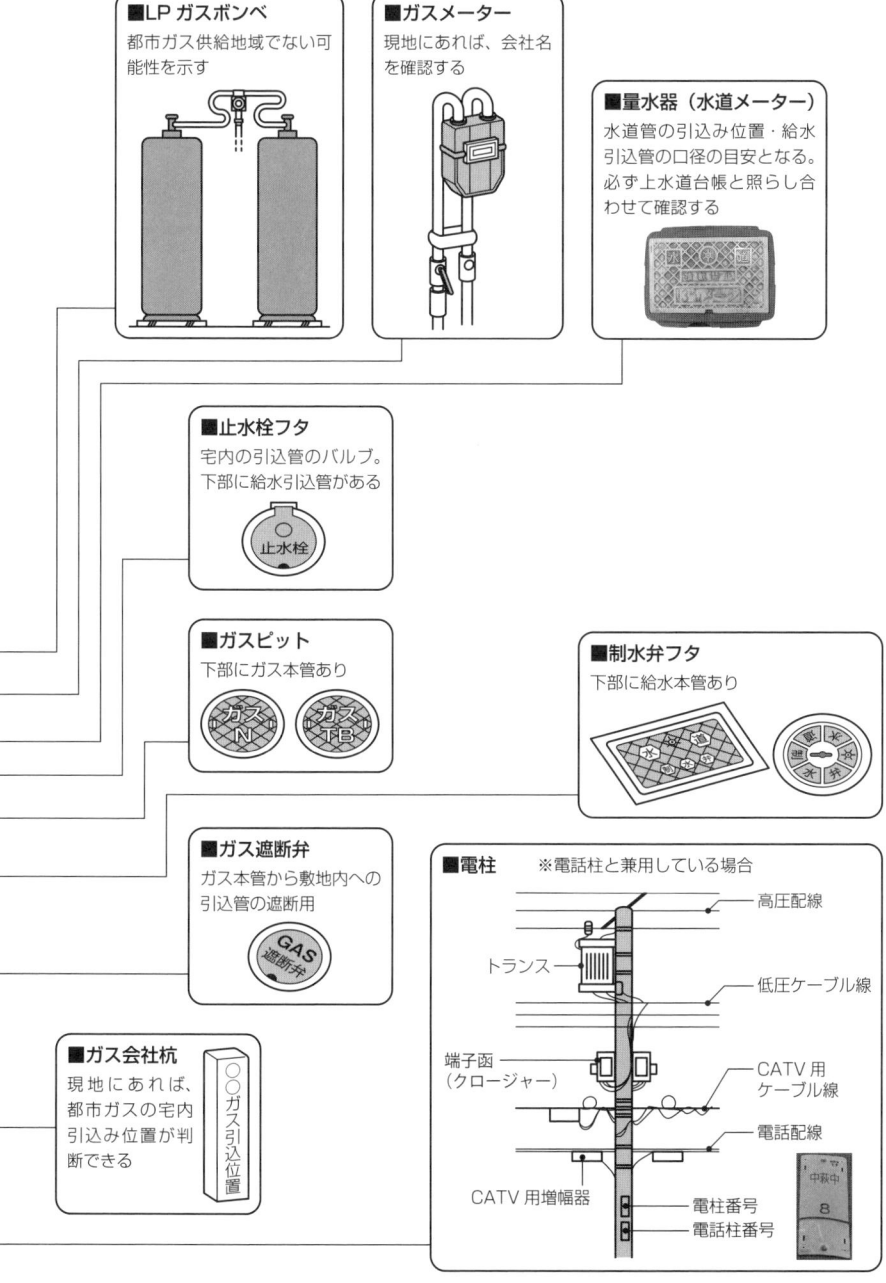

1-5 建て主との事前のヒヤリング

建て主の要望を正確に見極めよう

設計を始める際に、建て主の設備に関する要望をしっかりと聞き出し、設計に反映させる。ただし、最新設備について簡単にいろいろな情報が入ってくる現代では、建て主も導入に対して良し悪しを判断しかね、悩んでいるケースも多い。ヒヤリングした要望で間違った情報などで判断をしている場合は、プロとしてキッチリと意見を伝え、建て主と共通の認識を持つことが重要となる。特に、最新設備の導入の際は、間違った組み立てを行うと、大きなクレームとなることがあるので注意が必要である。

チェック項目	チェック欄
・一般回線（電話）は必要ですか	□必要　□不要
・電話回線は何回線必要ですか	（　　　　　　）回線
・FAX 回線は何回線必要ですか	（　　　　　　）回線
・光回線の引込みは必要ですか（引込み可能か確認）	□必要　□不要
・テレビ受信種別の希望を教えてください	□アンテナ受信　地上波デジタル　UHF
	□アンテナ受信　衛星放送　BS・110°CS
	□アンテナ受信　衛星放送　CS
	□ CATV（引込み可能か確認）
	□光ケーブル（引込み可能か確認）
	□ USEN（引込み可能か確認）
	□その他（　　　　　　）
・希望するブロードバンドサービスの種別は何ですか	□ FTTH（引込み可能か確認）
	□ ADSL
	□ CATV（引込み可能か確認）
・各部屋のパソコン間における情報共有システムの要望はありますか	□有線を希望
	□無線を希望
	□ PLC(高速電力線通信)を希望
	□情報共有の必要性は将来的にもない □いずれも希望しない
・電話機は別途支給（建築主側で用意）でよろしいですか	□可　□不可
・ホームシアターや BGM 放送を必要とする部屋がありますか	□有　□無
・音響映像機器を設置する場合、機器の要望はありますか	□スピーカーの設置（場所：　　　　）
	□プロジェクターの使用
	□大型テレビのみ
・ホームセキュリティは必要ですか	□必要　□不要
・セキュリティ会社の指定はありますか（必要な場合）	□ SECOM　□ ALSOK □その他（　　　　　　）
・電気錠システムの要望はありますか	（　　　　　　）
・希望するメーカーはありますか	（　　　　　　）
・インターホンに求める機能はありますか	（　　　　　　）
・太陽光発電システムなど、発電・蓄電システムの要望はありますか	□必要　□不要
・電気自動車充電用コンセントは必要ですか	□必要　□不要

・専門的な音響設備や本格的なホームシアターを要望する場合は、専門業者への依頼も検討する。
・ホームセキュリティをセキュリティ会社に委託する場合には、早めに希望のセキュリティ会社と建て主との打合せの機会を設ける。
・電気錠システムはメーカーによってインターホンと連動ができない場合があるため、電気錠メーカーとインターホンメーカーそれぞれに機器の連携が可能か確認する。

図 1·7　電気設備の建て主要望チェックシート

チェック項目	チェック欄
・エアコンは必要ですか ・希望する部屋を教えてください（必要な場合） ・希望するタイプを教えてください（必要な場合）	□必要　□不要　□将来検討予定 (　　　　　　　　　　) □壁掛け型　□天井埋込みカセット型 □壁埋込み型　□床置き型 □天井埋込みダクト型
・空調方式について特別な要望はありますか ・右記のいずれかの方式を採用しますか	□有　□無 □全館空調方式　□放射（輻射）方式 □どちらとも採用しない
・個別換気の必要な部屋はありますか ・希望する部屋を教えてください（希望する場合） （キッチン・バス・サニタリーは除く）	□有　□無 (　　　　　　　　　　)
・ご家族に喫煙される方はいらっしゃいますか	□いる　□いない
・加湿器の設置を希望しますか ・希望する部屋を教えてください（希望する場合）	□希望する　□希望しない (　　　　　　　　　　)
・除湿機の設置を希望しますか ・希望する部屋を教えてください（希望する場合）	□希望する　□希望しない (　　　　　　　　　　)
・空気清浄機の設置を希望しますか ・希望する部屋を教えてください（希望する場合）	□希望する　□希望しない (　　　　　　　　　　)
・脱臭機の設置を希望しますか ・希望する部屋を教えてください（希望する場合）	□希望する　□希望しない (　　　　　　　　　　)
・床暖房設備を希望しますか ・希望する部屋と範囲を教えてください（希望する場合） ・設置する場合、方式はどのようにしますか	□希望する　□希望しない (　　　　　　　　　　) □温水式　□電気式　□電気蓄熱式 □その他
・浴室暖房乾燥機の設置を希望しますか ・希望するタイプを教えてください(希望する場合)	□希望する　□希望しない □電気式　□温水式　□ミストサウナ機能付き

・空調方式決定の際は、住まい手の求める空調環境にかなり個人差が出るため、住まい手の要望をできるだけ具体的に聞くことが重要となる。
　たとえば、暑いのが苦手、寒いのが苦手、またはエアコンの冷風･温風が直接あたるのが嫌いなどといった内容。
・最近は花粉症の人やペットを飼っている人も多いため、室内の空気環境について日頃気になっていることなどを聞き出すことも重要となる。
・加湿器、除湿機、空気清浄機、脱臭機が必要となる場合、どんな目的のために必要か具体的にヒヤリングし設備設計者にその内容を伝える必要がある。
　設備設計者はこれらの要望を基に、方式や機器能力の検討を行うこととなる。

図 1·8　空調換気設備の建て主要望チェックシート

チェック項目	チェック欄
・希望する給湯方式を教えてください	□ガス給湯器（一般タイプ）
	□ガス給湯器（潜熱回収タイプ）
	□電気温水器（エコキュート）
	□エネファーム・エコウィル
	□太陽熱温水器
・風呂の追炊きは必要ですか	□必要　□不要
・希望するタイプを教えてください（必要な場合）	□フルオートタイプ　□セミオートタイプ
・特殊 (大型) シャワーは希望しますか	□希望する　□希望しない
・加熱調理器の熱源としてどちらを希望しますか	□ガスコンロ　□ＩＨクッキングヒーター □ハイブリッドコンロ（電気+ガス）
・食器洗浄機の設置を希望しますか	□希望する　□希望しない　□将来検討予定
・ディスポーザーの設置を希望しますか	□希望する　□希望しない　□将来検討予定
・ビルトイン浄水器の設置を希望しますか	□希望する　□希望しない　□将来検討予定
・洗濯機に給湯は必要ですか	□必要　□不要
・衣類乾燥機の設置を希望しますか	□希望する　□希望しない　□将来検討予定
・ガス式と電気式のどちらを希望しますか（希望する場合）	□ガス式　□電気式
・居室等にガスコンセントの設置を希望しますか ・希望する部屋を教えてください（希望する場合）	□希望する　□希望しない （　　　　　　　　）
・セントラルクリーナー設備の導入を希望しますか	□導入する　□導入しない
・屋外散水栓や外部流しは必要ですか ・屋外散水栓はどのような場所に必要ですか（必要な場合）	□必要　□不要 （　　　　　　　　）
・植栽に自動灌水（散水）装置を設置しますか	□設置する　□設置しない
・雨水利用をしますか	□利用する　□利用しない
・井水利用をしますか	□利用する　□利用しない
・家庭でできる環境・防災対策に興味はありますか	□有　□無

・給湯器と給湯栓の位置関係に注意が必要。特に浴室と給湯器の距離が遠くなるとクレームの対象となりやすいため、極力浴室付近に給湯器を設置することが望ましい。
どうしても給湯器と給湯栓の距離が遠くなる箇所については、即湯ユニットなどの設置も検討する。
・外国製品などの大型シャワーを採用する場合は必要水量と水圧をメーカーに確認すること。給水方式や給湯方式にも影響を与えかねない。
・屋外流しは、最近ペット用として必要となることが多い。給湯の必要性も確認しておいたほうがよい。

図 1·9　給排水衛生設備の建て主要望チェックシート

第2章

給排水設備の計画

2-1 給水設備の調査

現地調査で準備すべきこと

給水設備の計画は、まず敷地の現況を調べるところから始まる。

現地調査には、現地で目視確認するものと、管轄の水道局や建設局水道課（ガスや電気は各供給会社）で確認するものの２つがある。ただし、埋設されているものは現地で見てもわからないため、水道局で上水道台帳（給水本管埋設図）を閲覧して確認する。敷地内の配管図には個人情報が含まれているので、プライバシーの観点から、原則として土地の所有者（水道利用者）以外は閲覧できない。そのため、設計者が閲覧できるように事前に申請書・委任状・申請費用などを用意しておく必要がある。

現地調査で確認しなければならないこと

給水設備の計画は、配管を効率的に取り回そうとすると、キッチンや浴室・トイレなど水まわりの配置計画に影響してくる。そのため現地調査では、特に給水引込管や水道メータの位置を必ず確認しておくようにしたい。

水道局で閲覧できる図面は埋設位置や寸法がわかりにくいため、実際には図面と照らし合わせながら現地で再確認するとよい。敷地境界線や目印を基点に、埋設管やメータ類までの距離を控えておくと、あとで計画が立てやすい。

現地調査ではここに気をつけよう！

既存の給水引き込み管がある場合には、再利用の可・不可を水道局に確認することも重要となる。既存の給水引き込み管を再利用しない場合には、実費にて高額な撤去費用がかかることとなる。

新規で引き込む場合は、設置する水栓の数から引き込み口径が決まる場合もあるので確認する必要がある。また、本管の水圧や引込管の管種も設計時に必要となる情報となるので確認する。なお、水道局によっては、後に水道加入（負担）金が必要になる場合もあるため、費用についても最初に把握しておくことが大切である。

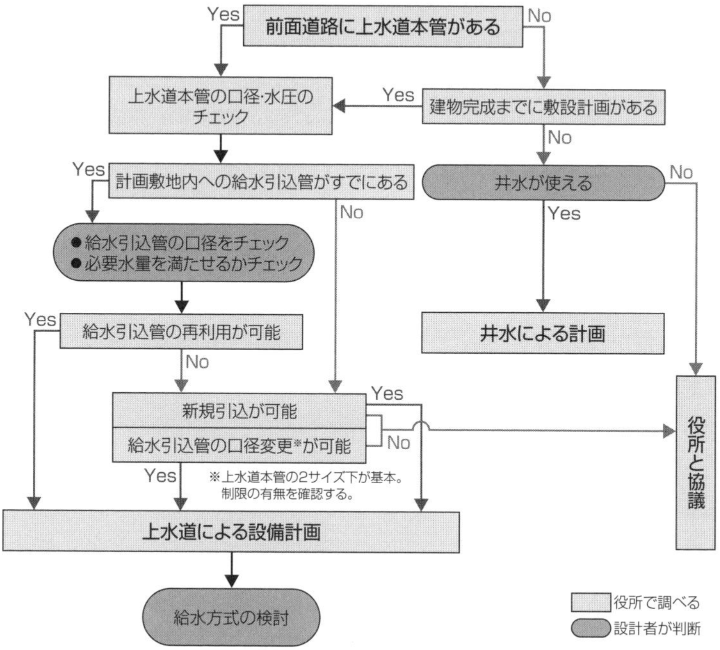

図 2·1　給水設備の調査の流れ

山田浩幸『建築設備パーフェクトマニュアル 2013』エクスナレッジ（2012）より流用

＊　給水（水道水）は、道路下に埋設されている上水道本管から、給水引込管を通って敷地内へ供給される。給水引込管から水の供給を中止する際に閉じる栓を「止水栓・引込第一バルブ」といい、通常は敷地境界の付近に埋設されている。その止水栓・引込第一バルブから上水道本管側は給水設備ではなく、水道施設（公共施設）扱いとなる。

敷地内の止水栓・引込第一バルブの付近に埋設されている「量水器」は水道メータのことで、ここで水の使用量を計って水道料金が決まる。

2-2 給水方式の決め方

建物規模と給水方式の関係を理解しよう

給水方式は建物規模によって変わるので、最適なものを選ぶ必要がある。大別すると、水道直結方式 (増圧給水方式) と受水槽方式の 2 つの方式がある。

■ 水道直結方式

上水道本管から送られてくる圧力だけで水を供給する方式。

■ 増圧給水方式

上水道本管から送られてくる圧力に増圧給水ブースタポンプでさらに加圧し、給水する方式。水道直結方式の類に含まれる。

■ 受水槽方式

上水道本管からの圧力だけでは建物上部まで水が届かないため、受水槽と加圧給水ポンプを利用して水を供給する方式。

水道直結方式に適した建物

通常、2 階建まで（地域によっては申請・協議を行い 5 階建まで可能）の建物は水道直結方式、3 階建以上は増圧給水ブースタポンプを使用した「水道直結（増圧給水）方式」または、受水槽方式と加圧給水ポンプを組み合わせた「受水槽方式」が用いられる。

増圧給水方式は、使用できる地域や建物に制限があるため、管轄の水道局への確認が必要となる。同じ形態の建物でも、各地域の水道局によって供給の方法・給水量などが異なるため、事前に必ず調査・確認が必要になる。

受水槽方式に適した建物

受水槽方式は、3 階以上の階に水を供給する場合で増圧給水方式が認められていないときに採用する。ただし、2 階建以下でも、何かの理由で給水引込管の口径アップが難しい場合に効果を発揮する給水方式である。給水引込管のサイズとは、上水道本管から分岐し、敷地内へ供給する配管口径の大きさを指す。

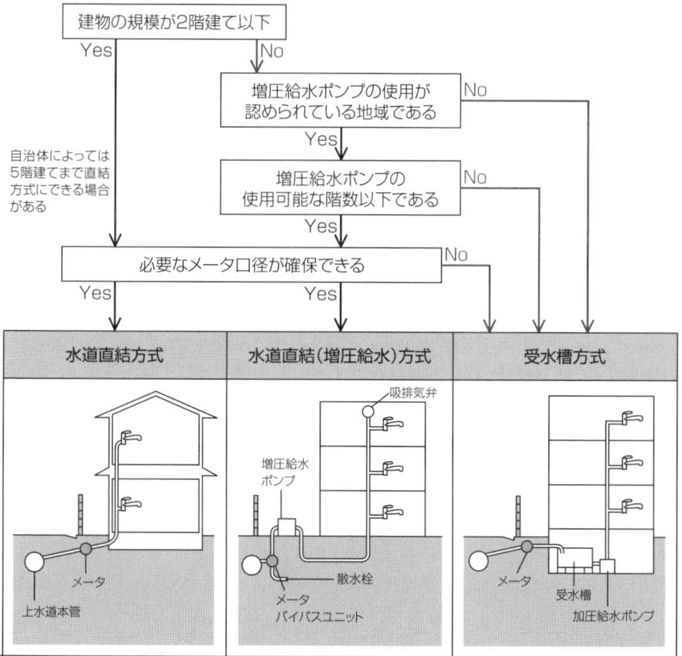

	水道直結方式	水道直結（増圧給水）方式	受水槽方式
適する建物の規模	2階建以下	3階建以上	3階建以上
給水のしくみ	上水道本管の圧力を利用して給水	給水引込管の途中に、圧力を増幅する増圧給水ポンプを設置することで、上水道本管の圧力では給水できない高さへ供給する	受水槽に一時貯水した上水を、加圧給水ポンプの圧力で給水する
給水圧力の変化	上水道本管の水圧に連動する	ポンプの自動制御により、ほとんど一定	ポンプの自動制御により、ほとんど一定
衛生面	上水が直接供給されるので水質汚染の可能性が少ない		受水槽内へのほこり・虫の侵入などによる水質汚染の恐れがある
断水時	給水できない		受水槽内の残留分は給水可能
停電時	給水できる	上水道本管の圧力範囲内のみ給水可能	給水できない
スペースの確保	必要なし	増圧給水ポンプの設置スペースが必要	各受水槽と各ポンプの設置スペースおよびメンテナンススペースが必要
注意点	地域によっては、上水道本管の水圧や材質などの条件が満たされれば、申請したうえで、5階まで直結方式が可能になる場合もある	地域によって使用を認めていないこともある	使用水量を検討し、1日分の必要水量の1/2程度を目安に受水槽の大きさを決定する

図 2·2　給水方式の決定方法

山田浩幸『建築設備パーフェクトマニュアル 2013』エクスナレッジ（2012）より流用、一部改変

2-3 給水引込管の口径を決める

口径はこうやって決める

水道直結方式で給水引込管の口径を決める場合、通常は瞬時最大水量を確保できる口径が給水引込管のサイズとなるが、実際に使用する給水引込管の口径を求めるには、上水道本管の水圧などから複雑な計算が必要になる。

※事前申請などで、給水引込管の計算が必要となった際には、ポンプメーカに相談するのもよい。

口径を決めるときは建て主に確認すること

おおよその目安としては、戸建住宅で一般的な家族の場合は20mm径、２世帯住宅や大家族など水まわりの多い住宅の場合は25mm径とする。

20mm径の場合、給水箇所の同時使用は１～２箇所程度、25mm径の場合は２～３箇所程度で考える。なお、口径を決定する際には、使い勝手や毎月の料金と直結するため、建て主への確認も忘れてはならない。

また、地域によっては、給水引込管の口径を決める方法として、設置する水栓の数から口径が決まる場合もある。この場合の水栓数には、便器や給湯器など、上水が供給されるすべてが含まれる。調査の際に管轄の水道局に確認する必要がある。

メータ口径

メータ口径は、基本的に給水引込管の口径と同径となる。水道局ではメータ口径によって水道の基本料金が定められており、口径別料金制度を採用している。また、地域によっては、口径の大きさで水道加入（負担）金の額が定められているので必ず有無を確認する。

- 水道直結式の場合は、水栓の数によりメータ口径を決定することが多い。
- メータ口径が大きいほど使用水量も増えるため、水道料金の基本料金が決められる。
- 口径の大きさにより水道加入（負担）金の額が必要となる場合があるので問い合わせること。

表 2·1　戸建住宅のメータ口径の目安

メータ口径〔mm〕	水栓数の目安	備考
13	1～4	日常生活に支障はないが、最新設備導入時にはパワー不足の可能性がある。
20	5～13	一般的な口径。最新シャワー設備にも対応。ただし、同時使用の場合はややパワー不足。
25	14 以上	シャワーとキッチンの同時使用可能。

※メータ口径と水栓数の制限は、各水道局によって異なるケースがあるので確認する

表 2·2　水道料金の計算方法（23 区、多摩ニュータウン）

メータ口径〔mm〕	基本料金〔円〕	1m^3 あたりの従量料金〔円〕								
		1～5m^3	6～10m^3	11～20m^3	21～30m^3	31～50m^3	51～100m^3	101～200m^3	201～1000m^3	1001m^3以上
13	860	0	22	128	163	202	213	298	372	404
20	1170									
25	1460									

＊東京都水道局より

2-4 受水槽容量と給水ポンプの決め方

給水ポンプの決定

給水ポンプの必要水量や給水引込管のサイズを決定するためには、建物全体で使用する必要水量を求めなければならない。たとえば、戸建住宅で1家族（4～5人程度）の場合、必要水量は1日当たり1,000ℓ程度を目安とする。同様に、2世帯住宅や大家族、水まわりが多い住宅の場合は、1,500～2,000ℓ程度を目安とする。つまり、戸建住宅の1人当たりの使用水量は1日当たり200～400ℓを目安とする。

必要水量の算出は、まず1日当たりの使用水量を使用時間（8～12時間）で割り、1時間当たりの平均水量を求める。この平均水量を3～4倍した水量が瞬時最大使用水量となる。これが給水引込管や給水ポンプを決定するうえで重要な必要水量となる。増圧給水ブースタポンプを使用する場合も、同様の水量となる。あらかじめメンテナンススペースを含んだ設置スペースを確保しておくようにする。

重要

- 建物全体での1日の使用水量 / 使用時間（8～10時間）＝1時間当たりの平均水量（ℓ /h）
- 1時間当たりの平均水量（ℓ /h）×3～4＝瞬時最大使用水量（ℓ /h）

なお、給水ポンプを選定する場合は、必要給水量と必要な揚程を加えて選定することとなる。揚程計算と給水ポンプの選定はポンプメーカに相談するのもよい。

用語の確認

- 揚程とはポンプが水を上げる高さをいう。
- 吸込み水面から吐出し水面までの高さを実揚程という。
- 実揚程に配管内や曲がり部や分岐部などその他の摩擦損失水頭を加えたものを全揚程という。通常これを揚程としている。

受水槽の容量の決定

受水槽を設置する場合の有効容量は、建物全体で使用する1日分の使用水量の1/2程度とする。たとえば、戸建住宅の場合は、500～1,000ℓ。容量を多くしすぎて受水槽内に水が停滞しないように注意する。

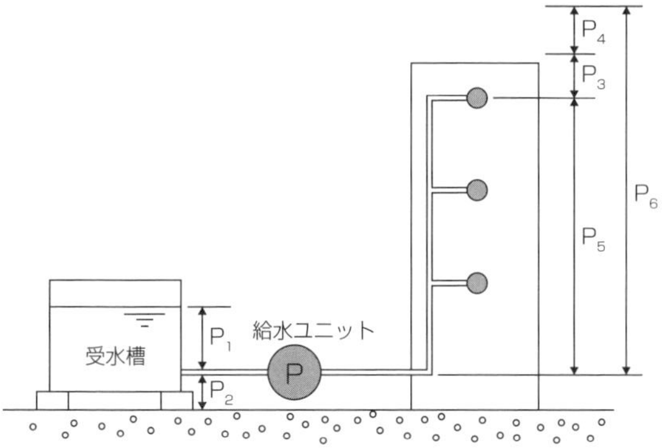

■揚程

$P_6-(P_1-P_2)=P_2+P_3+P_4+P_5-P_1$

P_1：流し込みの場合（＋）
　　吸上げの場合（－）

■吐出し圧力　P_6

$P_6=P_3+P_4+P_5$

P_1：受水槽水位と給水ユニットとの高低差
P_2：給水ユニットの上流側の給水管や給水器具等の圧力損失
P_3：給水ユニットの下流側の給水管や給水器具等の圧力損失
P_4：末端最高位の給水器具を使用するために必要な圧力
P_5：給水ユニットと末端最高位の給水器具との高低差
P_6：給水ユニットの吐出し圧力

図 2·3　揚程計算の方法

山田浩幸『建築設備パーフェクトマニュアル 2013』エクスナレッジ（2012）より流用

2-5 給水配管経路と配管スペース

建物より短い配管の耐用年数

一般的な建物は、おおむね 50 ～ 60 年程度で建替え時期がくるのに対して、設備機器や配管類は 15 ～ 30 年程度が交換時期といわれる。住宅を計画する際は、設備機器や配管スペースに十分な広さを設け、メンテナンス性や更新にも配慮することが建物の長寿命化につながる。たとえば、浴室・トイレ・キッチンなどの水まわりを集中させ、できるだけ配管ルートを集約させ、配管長を抑えるとメンテナンスは楽になる。

正しい配管経路と配管スペースの確保が大切

給水配管を建物のコンクリート基礎下に配管を通すなどの施工をしてしまうと、万一の水漏れの対応や将来の配管の更新が不可能となるため絶対にやってはならない。

1 階床下配管（土間配管）を行う場合には、人が潜り込んで配管のメンテナンスや更新が可能な配管スペースが理想となる、その場合には床下に 600mm 以上のスペースと 600 □以上の床下点検口を設けることによって、床を壊すことなく配管の更新が可能となる。

2 階以上の配管は下階天井配管となる場合には、450 □以上の天井点検口を設けて万が一の場合は不具合箇所の確認ができるように対応する。

一般的な住宅の給水管の口径は、太くとも外径 30mm 程度なので、保温のための断熱材の厚さや配管の交差などを想定しても、有効 80mm 以上の床懐スペース（床仕上げレベルで 120mm 程度）が確保されていれば配管スペースとして十分である。また、上階などへの配管立ち上がりスペースも同様に有効 80mm 以上のパイプスペースを確保する。

メンテナンス性や更新性を重要視する際には、「サヤ管ヘッダー工法」の採用も検討するとよい。

■ 給水配管経路と配管スペース

建物下の設備配管ピット内で、配管が地中梁貫通となる場合、配管の口径、本数、貫通のレベルなど、構造設計との調整が求められるため、できるだけ早い段階で対応しなければならない。なお、ピット内に湧水が浸入する場合には、湧水釜場と排水ポンプなどを設けて排水させることも忘れてはならない。

設備機器のメンテナンススペースも確保する

給湯器などの設備機器も人がスムーズにメンテナンスに行ける場所に設置し、機器の周囲にも 600mm 以上の十分なスペースを確保する。

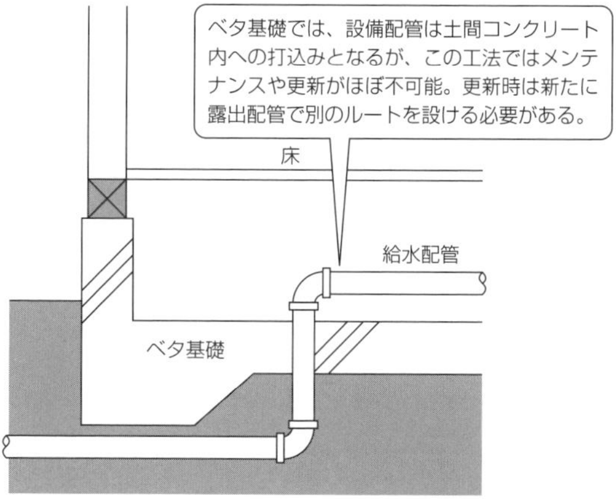

(a) 更新不可能

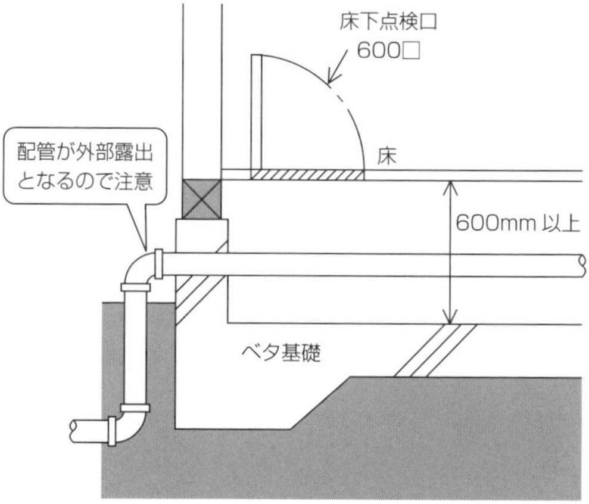

(b) 更新可能

図 2·4　配管スペース

■ 先分岐工法とヘッダー工法

宅内における給水・給湯配管の工法には、先分岐工法とヘッダー工法の2種類がある。

先分岐工法は、現場施工にて配管を切断し、チーズやエルボなどの継手を使用し、主管から各台所や浴室、洗面所などの末端水栓に順次分岐しながら配管する工法で、在来工法とも呼ばれている。

これに対しヘッダー工法は、ヘッダーから各末端水栓に1本の配管で施工され、壁内や床下などの隠蔽される箇所に継手(チーズ、エルボ)を使用しない。そのため漏水事故などのリスクも少なく、維持管理に有利である。

また使用上の利点として、ヘッダーと水栓は1対1で接続されているので、給湯配管における湯待ち時間(水栓を開いてから湯が出てくるまでの時間)が先分岐配管に比べて短く、また多箇所の水栓の同時使用時にも圧力変動が少ないというメリットがある。

サヤ管ヘッダー工法は、サヤと呼ばれる空の配管内に架橋ポリエチレン管やポリブテン管などの可とう性の高い合成樹脂管を通すことによって、将来の配管更新が容易にできる工法として考案されたが、広く普及した要因としては、施工上サヤ管を設置しておけば壁や床ができてからでも配管施工が可能になり、工事の工程管理上のメリットが生まれたこと、また継手がヘッダー部と末端継手部だけになり漏水のリスク箇所がなくなったこと、それに伴って維持管理上の点検箇所がヘッダー部と水栓部に集約され、非常にやりやすくなったことが挙げられる。ただし、ヘッダーや水栓ボックス、サヤ管などの特殊部材を使用するため、コスト高となる。

戸建住宅においては、床下での配管の維持管理が可能なことから先分岐工法が多く採用されている。また、近年は架橋ポリエチレン管やポリブテン管などを使用し、漏水のリスクの少ない電気融着継手を使用し、あらかじめ工場で組み立てた配管ユニットを現場で敷設する「プレハブ工法」を採用することで、接合部の信頼性が向上し、工期短縮によるトータルコスト削減が図れる新しい先分岐工法の登場に伴い、近年急速に普及している。

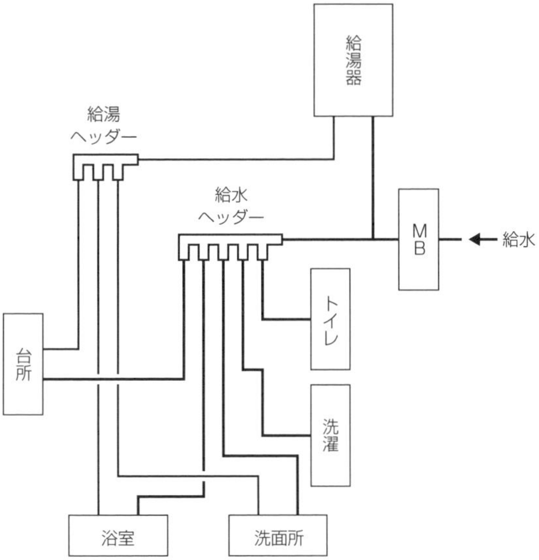

図 2·5　サヤ管ヘッダー工法概念図

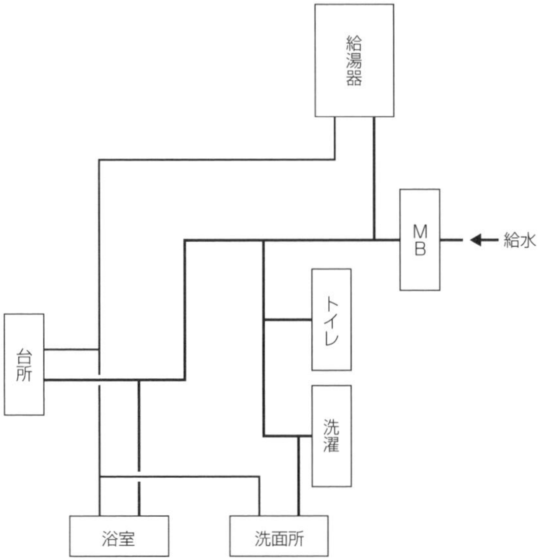

図 2·6　先分岐工法概念図

2-6 やってはいけない配管施工

埋め殺しの禁止とメンテナンススペースの確保は重要

2-5 節でも述べたが、設備配管（給水・給湯・排水・ガスなど）を建物の構造体下部に通してしまうと、万一の水漏れの対応や将来の配管の更新が不可能となるため絶対にやってはならない。

また、コンクリート埋設部をサヤ管化し、その中に可とう管を設置することで、コンクリート基礎部分の排水管を更新可能にする基礎貫通キットなどの採用も有効である。

1 階床下配管（土間配管）を行う場合には、人が潜り込んで配管のメンテナンスや更新が可能な配管スペースが理想となる、その場合には床下に 600mm 以上のスペースと 600 □以上の床下点検口を設けることによって、床を壊すことなく配管の更新が可能となる。

鳥居配管とウォーターハンマー現象

鳥居配管は配管の上部にエア溜まりをつくってしまうため、原則として避けるようにしたい。やむを得ない場合は、頂上部にエア抜き弁を取り付けるなどの措置を取るようにする。

ウォーターハンマー現象（水撃作用ともいう）にも注意が必要である。これは、配管内を流体が流れているとき、水栓の急閉鎖などにより水流を急に締め切ったときに水圧が急上昇し、騒音や振動を発生させる現象である。鳥居配管などによる、エア溜まりが原因となる場合もある。この現象が起こると管の寿命を縮め、破損の要因となる。

防止策としては、急激な締め切り動作を行わないように水栓に節水コマを設置する、また、水撃防止装置を取り付けることも有効である。

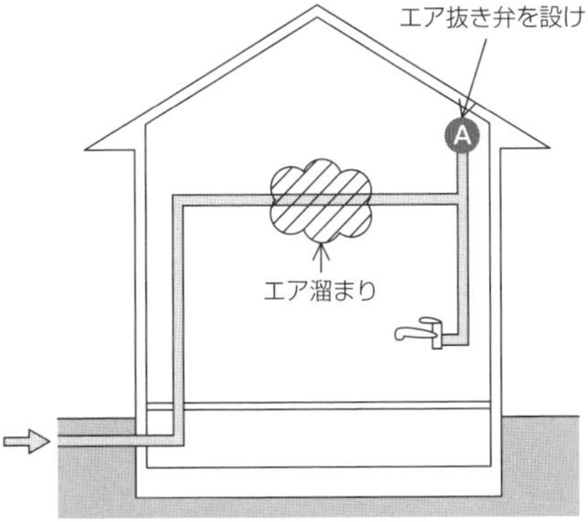

鳥居配管となる場合は、エア抜き弁を設ける。

図 2·7　鳥居配管

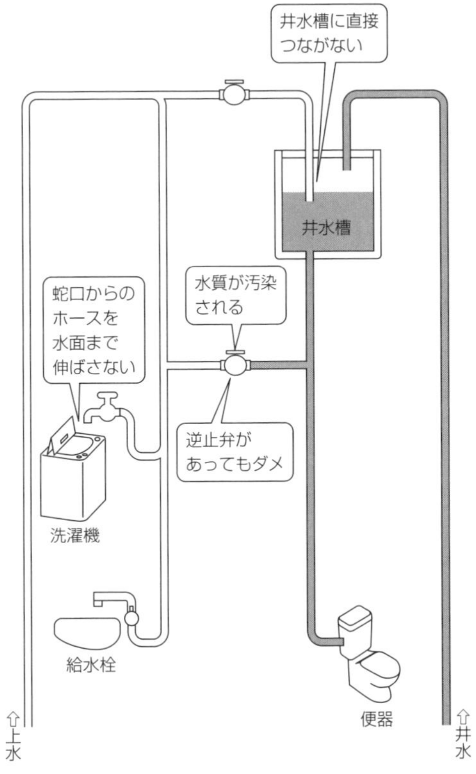

図 2·8　クロスコネクション

クロスコネクションは絶体に避ける

給水配管で最も注意が必要なのは、上水（飲料水）の汚染を防止することである。上水が汚染される配管のミスには、上水系統の給水配管と、排水・井水・中水･雨水など上水以外の配管系統の連結がある。この状態を「クロスコネクション」と呼ぶ。

クロスコネクションには、上水と上水以外の配管を間違って直接つなげてしまう場合と、意図せず間接的につながってしまう場合がある。前者の場合、たとえ逆止弁を使っていても上水の水質が汚染されてしまうので、絶対に配管をつなげてはならない。井水は水質が良好でも、自然条件によって水質が変化するおそれがあるので、上水系統と連結するとクロスコネクションに含まれてしまう。後者は、上水の出口と排水口が近い場合に起きる。事故などにより断水が発生すると、給水管内は真空状態（負圧）となる。これがきっかけで、洗面器や流し台などに溜まっている汚れた水が給水管へ逆流し（逆サイホン作用）、上水を汚染してしまうのである。これを防止するために吐水口空間を設けることが義務付けられている。

また、屋外散水栓を床埋め込み式とする場合、ボックス内に水が溜まりクロスコネクションとなる可能性があるため、かならずバキュームブレーカを設ける。バキュームブレーカの設置が難しい場合は、水栓柱方式の散水栓や地面に埋めないタイプの散水栓ボックスの採用が望ましい。

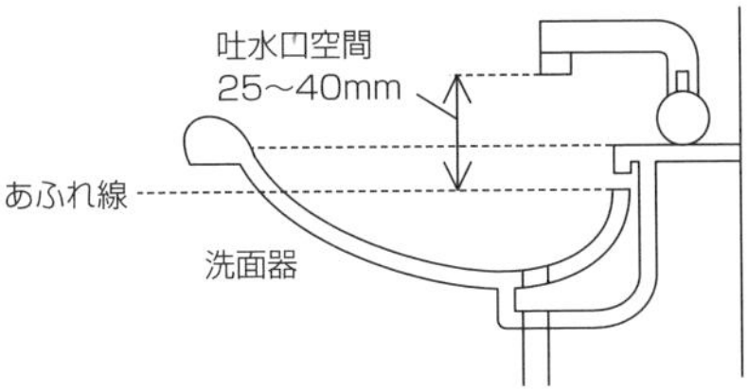

吐水口空間は、吐水口の口径の有効
断面直径の 2〜3 倍以上とする。

図 2·9　吐水口空間

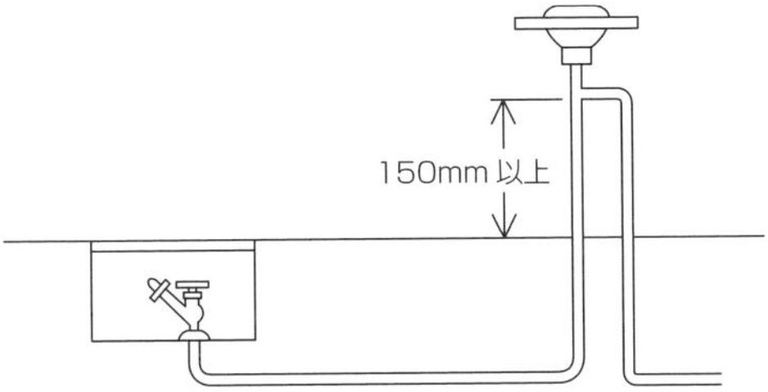

図 2·10　圧力式バキュームブレーカ

山田浩幸『建築設備パーフェクトマニュアル 2013』エクスナレッジ（2012）より流用

2-7 排水設備の調査

排水方式を把握しよう

建物内や敷地内で使用し汚れた水を、敷地外まで排出する配管・ポンプ・浄化槽などを排水設備と呼ぶ。スムーズな排水には通気設備が不可欠なため、配管設備は排水通気設備としてまとめて区分することも多い。戸建住宅からの排水は、以下の３つに分けられる。①と②をまとめて生活排水ともいう。

①　トイレからの汚水。

②　キッチン・浴室・洗面器・洗濯機・屋外流しなどからの雑排水。

③　屋根・庭などからの雨水排水。

これら①～③をまとめて同じ下水道本管に放流する方式（地域）を「合流方式」（合流地域）という。これに対し③の雨水のみを分けて放流や浸透処理する方式を「分流方式」（分流地域）という。

また、公共下水道および下水処理施設が整備されていない地域では、浄化槽を設置する「浄化槽方式」となる。これには、敷地内で水の処理を行ったのち、浸透トレンチによって敷地内に浸透させる方法と、そのまま道路側溝などに放流する方法がある（浄化槽処理水の放流方法は、各自治体の下水道局に確認する）。

排水の放流先（処理方法）はあらかじめ地域ごとに決まっているので、設計者が自由に選択できない。

放流方式は建物の配置計画に影響します

放流方式によっては、敷地内に必要となる設備スペースが変わるため、建物の配置計画にも大きく影響する。たとえば、分流方式だが雨水本管が存在していない場合や、雨水の流出抑制がある地域などでは、雨水を敷地内で浸透処理しなければならない。そうなると、雨水用の桝や浸透トレンチの面積を広く取る必要に迫られ、敷地いっぱいの建物は計画できなくなってしまう。浄化槽の設置が必要となる場合も同様である。

このように、雨水と汚水（雑排水を含む）の合流・分流の区別には、インフラのほかに、建物内の排水設備による合流・分流の区別がある。ただし、ここでいう区別とは、あくまで下水排水方式の区別であるため、2-8 節で説明する建物内の「屋内分流・屋外合流」と混同しないように注意する。

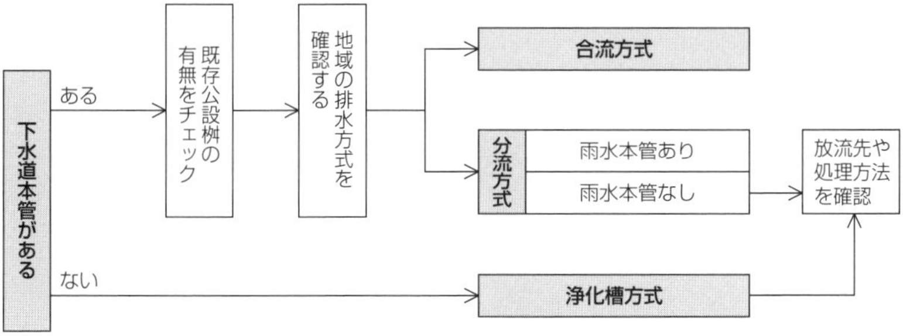

図 2·11　排水設備の調査について

表 2·3　排水方式

合流方式	浄化槽方式	分流方式	
		雨水本管あり	雨水本管なし
雨水と生活排水をまとめて下水道本管へ放流	生活排水は放流水質基準を満たした上で側溝へ放流 雨水は敷地内で処理または放流	雨水と生活排水を各本管へ放流	生活排水は下水道本管へ放流 雨水は敷地内で浸透処理

2-8 排水設備の計画

排水方法は「屋内分流・屋外合流」が基本

住宅における排水計画は、建物内では汚水（トイレの排水）と雑排水（トイレ以外のキッチン・浴室・洗面器・洗濯機などの排水）を分けて配管し、建物外の排水桝で合流させる「屋内分流・屋外合流」の考え方が基本となる。

雑排水のうち、キッチンの排水管は油分が付着しやすく詰まりやすいので、できれば単独配管とし、浴室・洗面器や洗濯機の排水と分けて配管するのが望ましい。

つまり、理想的には汚水・雑排水（トイレ、キッチン以外の浴室・洗面器・洗濯機などの排水）キッチン排水の３系統に分けて配管することが理想である。

汚水と雑排水を１本の排水管で合流させて排水しても特に問題はないが、系統を分けることにより、万一どちらかの排水管が詰まった場合のリスクを最小限に抑えることができる。

建物内の排水管は、排水竪管と排水横枝管とに区分される。２階建以上からの排水竪管と1階（最下階）の排水管は、原則として合流させない。これは排水管に詰まりが生じた場合、1階の器具類から排水が吹き出さないようにするためである。

配管ルートに必要な寸法を把握する

排水管を通すために必要な床下の寸法は、排水管の口径と長さから求められる排水勾配によって決定する。

一般的な排水勾配は、建物内では1/50、建物外では1/100で検討を行い、そのうえで排水管を通すために必要となる床懐寸法を確保する。

排水の勾配は、緩すぎても、急すぎても排水が円滑にできなくなる。なお、建物外で排水管を曲げる部分と排水管が合流する部分には、必ず点検用の排水桝を設置する必要がある。

給水管と同様、排水管も建物のコンクリート基礎下に直接配管し、埋め殺すことがあるようだが、これは、万一の水漏れ時の対応や将来の配管更新を不可能にするため絶対に行ってはならない。特に排水管は詰まりやすいので、メンテナンス性を十分に考慮し、無理のない配管ルートを確保することが大切になる。

トラップで臭気を防ぐ

排水管内の空気は臭気を帯びている。そのため、設備計画上はこれを室内に入れないようにする対策が求められる。このとき重要な役割を果たすのが「排水トラップ」で、臭気と同時に室内に虫などが入ってくるのも防ぐことができる。

家の中での異臭クレームは、このトラップ内が原因となっていることが多い。特にクレームが多いのが、雨水管やドレン管（空調機）からの臭気である。雨水管やドレン管を生活排水系統に接続する場合には、必ず排水桝などでトラップを設け接続する。

二重トラップに注意

ただし、排水トラップを二重に設けてしまうと、本来の機能を発揮しない。なかでも、汚水桝と排水トラップによる「二重トラップ」は、実際に多いミスなので十分注意したい。

トラップにはさまざまな形状や種類があるが、どれも「蓋」の役割を果たす水を常に溜めている。この水を「封水」という。もし、室内で原因不明の臭気を感じたとしたら、封水がなくなる「封水切れ（破封）」が起こっている可能性が高い。封水切れが起こる要因としては、自然蒸発、自己サイホン作用、誘導サイホン作用（吸出し作用、跳出し作用、毛細管現象）などが考えられる。

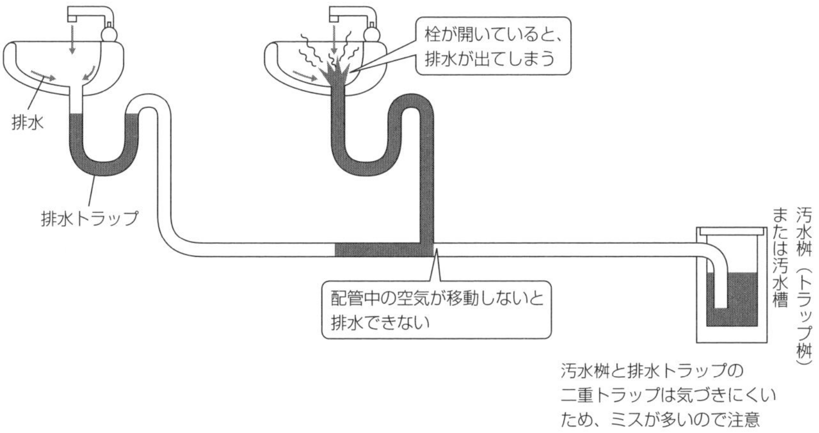

図 2·12　二重トラップ

2-9 排水に必要なスペース

パイプスペースの必要寸法を正確に把握しよう

2階建以上の住宅の基本的な排水計画は、水まわり付近にパイプスペース（PS）を確保し、地上階までオフセットせずに（曲げずに）排水竪管を通すことが原則となる。一般的には、汚水と雑排水を分流させる方式が多く採用されるため、排水竪管は2本となる。なお、キッチン排水を分けた場合には1本増え、計3本となる。3階建以上の建物で、3階以上から排水竪管を通す場合は別に通気竪管を設ける。通気竪管が増える分、PSには3～4本分の竪管スペースが必要となる。

竪管スペースは各排水竪管の口径より決定する

各階の排水は、床下スペース内で排水管が最小勾配を確保しつつ、PSまで接続できるように計画する。床下スペースは、最低でも200mm以上（有効寸法）確保しなければ排水管を納めることは難しい（2階以上に在来浴室を設ける場合は300mm以上）。水まわりがPSから離れるほど必要な床下スペースが必要となってくるので、排水管径の大きいトイレなどはできるだけPSを水まわりに近接して配置するようにしたい。

なお、排水管のサイズは、衛生器具の接続口径によって決まる。ただし、接続口径30Aの器具でも、配管の最小口径は40A以上とする。管内の詰まりや通気(空気の流通)を考慮して、通常よりも1サイズ程度太いサイズを使用するとよいだろう。

プラン上、どうしても水まわりがPSから離れる場合は、PSの設置箇所を追加し2箇所以上に分散させるとよい。すべての排水竪管の上部には伸頂通気管を設けるため、最上階でも下階と同様にPSが必要となるので、計画の際は注意する。また、排水竪管上部にドルゴ通気弁を取り付ける場合は、PS壁面に450×450mm程度の点検口と100cm^{2}程度の吸気口が必要となる。天井内に設置する場合も同様である。

上階からPSを通って流れてきた排水は地上階で横引きして、屋外の排水桝へ放流する。

排水管の遮音対策にも配慮

このほか、寝室や書斎の近くに PS を設ける場合は、遮音シートやグラスウールなどを排水管に巻いて遮音対策を十分に行う。また、近くに窓などがあり、通気管を外気に開放するのが困難な場合は、ドルゴ通気弁を用いるなど、通気管と排水管をうまく納める計画が求められる。

在来工法の浴室排水方式には特に注意する

2 階以上で在来工法の浴室排水方法には、特に注意が必要となる。

在来浴槽の排水を設ける場合、浴槽からの排水を浴槽の下部で間接的に排水を設けることが多いが、この排水方法の場合、長期間にわたって排水管の閉塞などが起こっていても、状況の確認やメンテナンスが不可能となる。漏水などの事故に直結する原因にもなるので、浴槽排水は必ず配管と直接接続してから排水する。また、防水処理やトラップを設ける必要があるため、洗い場の排水とあわせて検討する。バス兼用排水トラップを使用すると、これらの問題をスムーズに解決できる。

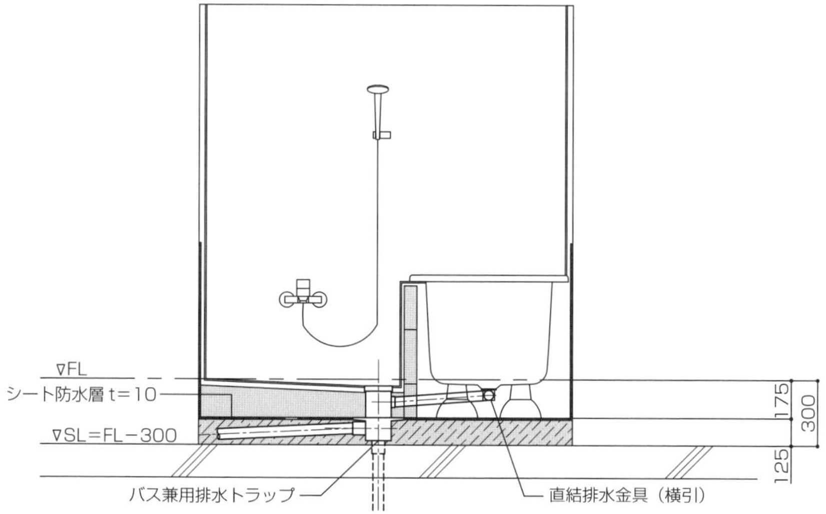

図 2·13　2 階以上の在来工法浴室での排水納まり図

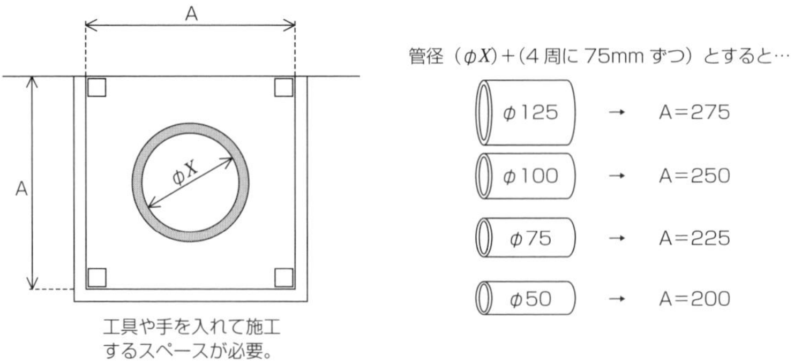

図2·14　パイプスペースの寸法

表2·4　排水管のサイズと用途

管経〔mm〕	用途
60 以下	キッチン、浴室、洗濯機など
φ75, φ100	大便器
φ125, φ150	屋外排水

表2·5　床下に設ける排水管スペース（VU：塩ビパイプ）

呼び経	排水管路（床下）高さの必要寸法 H〔mm〕
50A	$H=X/50+100$（断熱材厚10mm見込み）
65A	$H=X/50+130$（断熱材厚10mm見込み）
75A	$H=X/50+150$（断熱材厚10mm見込み）
100A	$H=X/50+180$（断熱材厚10mm見込み）

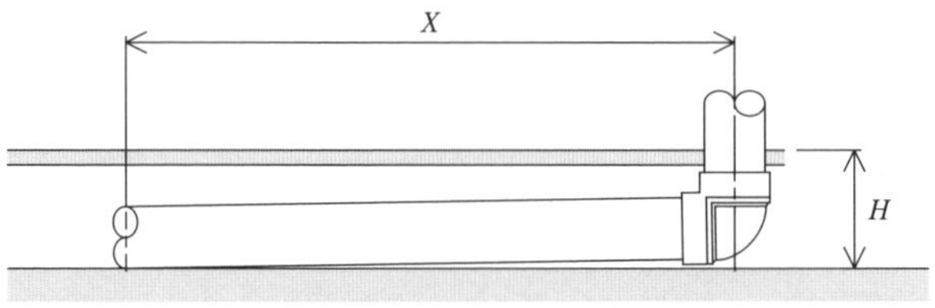

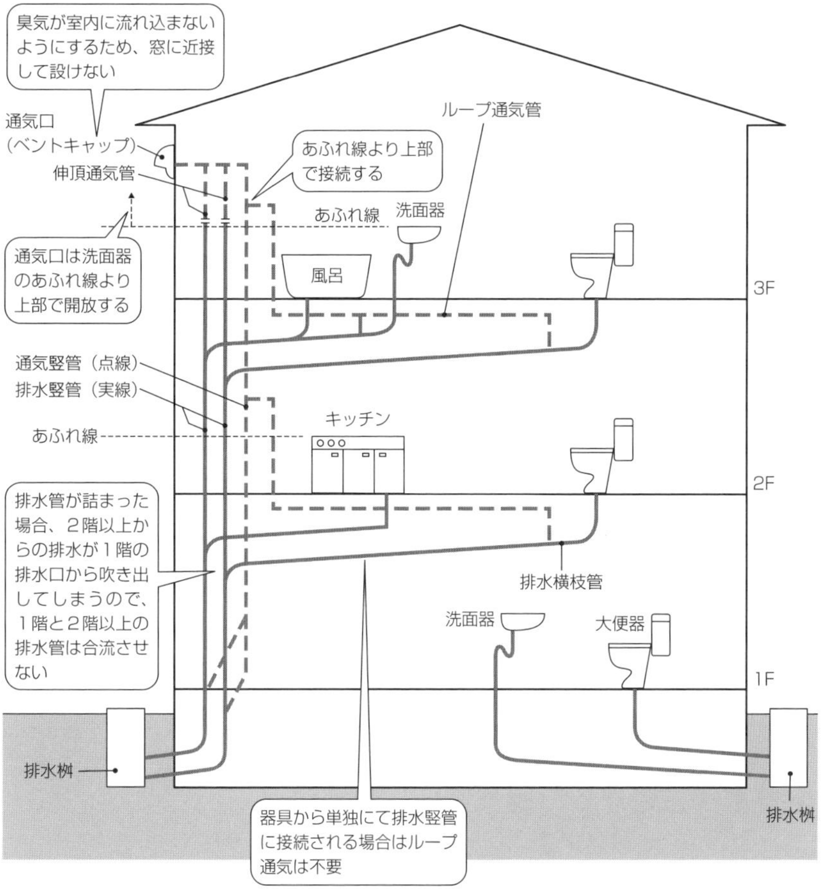

図 2·15　排水経路

山田浩幸『建築設備パーフェクトマニュアル 2013』エクスナレッジ (2012) より流用、一部改変

2-10 通気設備の計画

排水竪管の通気にも配慮する

排水管内に水が流れると、配管内部の空気も一緒に動く。特に 2 階以上の階からの排水が排水竪管を流下するときには、配管内の空気が上下している。配管内の空気の流通が良好でないと、円滑な排水を保つことはできない。排水計画の際は、通気管の確保が必須条件となる。

通気竪管は通常、排水竪管と並列に設け、排水管最上部（伸頂通気）と合わさり大気に開放することによって確保する。

通気竪管の口径は原則として排水竪管と同口径とし、排水竪管の上部からさらに延長して開放する。開放する高さは、必ず衛生器具類の高さ（あふれ線）より上部とする。衛生器具類の高さより下に設置すると、万一排水管の詰まりが発生した場合、通気口から排水があふれ出るという最悪の状況を招いてしまう。

間取りなどの理由から通気管の開放が難しい場合は、ドルゴ通気弁を取り付けることも有効である。ドルゴ通気弁の設置には点検口や通気口が必要となる。詳細についてはメーカの設置基準を確認する。

排水横枝管からの通気方法

排水横枝管から通気を取る方法もある。このときは、最上流部にある衛生器具の下流側から通気管（ループ通気管）を取って通気竪管に接続させるか、または単独で大気に開放させてもよい。ループ通気管の口径は排水横枝管の半分のサイズとする。たとえば、排水管 100A のループ通気管のサイズは 50A となる。また、ループ通気管の最小口径は 40A とする。

伸頂通気管と同様、ループ通気管も必ず衛生器具類の高さより上で開放する。なお、すべての通気管は、大気に開放した部分から下水道管の臭気が放出されるため、居室に設けた窓などに近接した箇所を避けて設置する。

ループ通気管の確保が難しい場合には、衛生器具類のトラップ箇所に設置可能なミニドルゴ通気弁を取り付けることも有効である。キッチンのシンクや、洗面器の下部に設置すると、トラップの封水を保護することもできる。

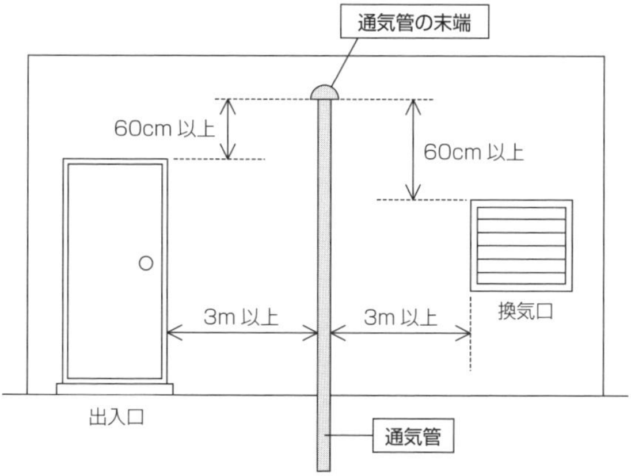

出入口や換気口の上端より 60cm 以上立ち上げたところに開口部を置けない場合は、水平に 3m 以上離すこと。

図 2･16　通気口の取り付け位置

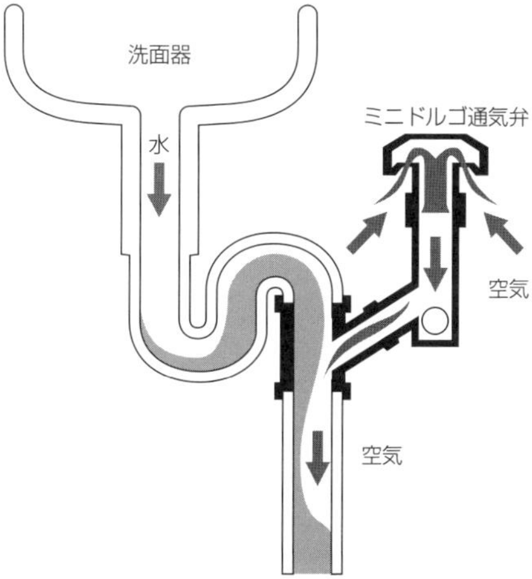

図 2･17　ミニドルゴ通気弁のしくみ

2-11 排水桝を設ける場所

排水桝は排水系統により２種類ある

排水桝とは、主に屋外排水管の点検や掃除のために、配管の合流部や中継地点に設けられる桝のことである。排水の系統により、「汚水・雑排水桝（インバート桝）」と「雨水桝（溜め桝）」の２種類がある。

汚水・雑排水桝は、防臭型のマンホール蓋を取り付け、底面に半円形の溝（インバート）を設けて勾配をとったインバート桝とする。雨水桝は臭気対策が必要ないので、コンクリート蓋や格子蓋（グレーチング蓋）でもよい。一般に150mm以上の泥溜めを確保した溜め桝とする。ただし、泥が150mm以上溜まると排水管内に流入してしまうので、定期的な掃除が必要になる。

屋外配水管の深さを排水勾配から想定する際、排水桝の上流側の配管管底と下流側の排水管底には2cm程度の高低差を設ける必要があるため、想定する際には注意が必要である。また、２種類の排水桝を合流させる場合は、必ずトラップ桝を経由して雨水管に臭気が上がらないようにする。トラップ桝には泥溜めを設け、封水の深さは50～100mmとする。

最近は、排水桝にコンパクトな塩ビ製小口径桝が使用されることが多い。塩ビ製小口径桝には、150mm径、200mm径、300mm径などのサイズがあり、蓋の種類も塩ビ製、鋳鉄製、ステンレス製などがあるので、使用場所によって使い分ける。また、雨水を敷地内で浸透処理する雨水浸透桝にも、コンクリート製桝、塩ビ製小口径桝など、いくつかの種類があり、それぞれ集水蓋の選択なども可能である。

なお、汚水・雑排水桝のマンホール蓋には、軽・中・重耐重の種類があり、車両が載る箇所などに使用する場合は中耐重以上の蓋を選ぶようにする。

また、敷地内の雨水を集めるための雨水桝を集水桝といい、鋳鉄製の格子蓋やグレーチング蓋が用いられる。落ち葉などのゴミが入らないように蓋の下部にステンレス製のバスケットを設けるとよい。

排水桝の設置場所

排水桝を設置する場所は図 2・18 に示す通りである。

排水桝は地中に埋設して使用する設備なので、軟弱地盤の敷地で使用する場合は、土中配管とともに吊り支持、受け支持など、構造体側に固定して排水桝の地盤沈下対策を行う必要がある。また、伸縮（フレキシブル）継手やボールジョイントを使うなどの方法も検討する。

計画の際は、玄関アプローチや庭の中央に排水桝が鎮座することのないよう、事前に配置計画をしっかりと立て、排水ルートを決めるようにしたい。どうしてもアプローチ上や庭の中央に現れてしまう場合は、周囲の仕上げと同材にした化粧マンホールを選ぶこともできる。

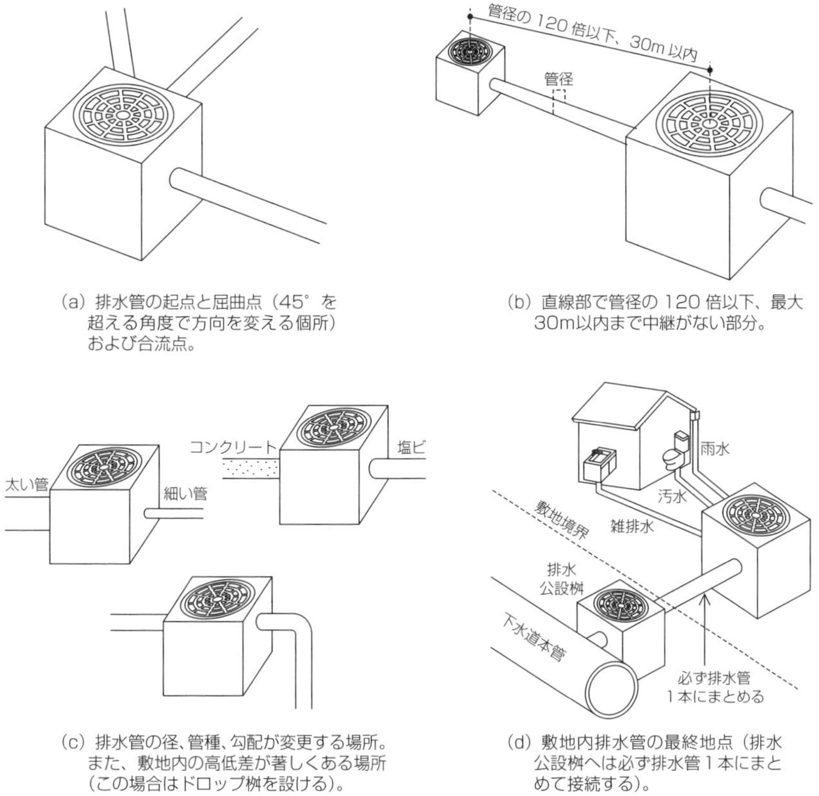

(a) 排水管の起点と屈曲点（45° を超える角度で方向を変える個所）および合流点。

(b) 直線部で管径の 120 倍以下、最大 30m以内まで中継がない部分。

(c) 排水管の径、管種、勾配が変更する場所。また、敷地内の高低差が著しくある場所（この場合はドロップ桝を設ける）。

(d) 敷地内排水管の最終地点（排水公設桝へは必ず排水管 1 本にまとめて接続する）。

図 2·18　排水桝の設置

2-12 排水槽の設置

排水槽の種類は排水により 3 種類

排水槽が必要になるのは、地下階のある建物または前面道路の地盤面より低い位置に水まわりがくる場合や、前面道路の地盤面より低い位置にドライエリアや駐車場などがある場合である。地下階の排水は、いったん排水槽に溜められ、排水ポンプによって高い位置の下水道本管へ排水される。

排水槽には、排水の種類により、汚水・雑排水を貯留する「汚水槽」、雨水を貯留する「雨水槽」、ピット内の湧水を貯留する「湧水槽」などがあり、原則としてこれらを共用することはできない。また、汚水槽と雨水槽は、点検用マンホールなどから臭気が出るため、室内には設けないように計画することが望ましい。

排水槽は、建物基礎の二重スラブ（ピット部）を利用して設置するのが一般的で、RC 躯体に防水処理を行う構造とする。容量は、時間平均の排水量の 2 ～ 2.5 倍を見込むが、近年は特にゲリラ豪雨が多くなっているため、雨水槽や雨水ポンプを選定する際は十分に余裕を見込む必要がある（1 時間 100mm 以上の雨量を想定する）。

また、万一の雨水ポンプの故障や、想定以上の雨量があった場合を考慮し、雨水槽から湧水槽へバックアップ用のオーバーフロー管を準備しておくとよい。

排水槽のメンテナンス方法

排水槽の排水ポンプは予備のため 2 台設置し、どちらかが長期間休止状態にならないよう平常時は交互に運転する。また、排水量を上回る非常時には、2 台同時運転できるようにする。

汚水槽には必ず臭突管（50A 以上）を設け、屋上まで立ち上げて開放させる。なお、臭突管の先端部には、ドルゴ通気弁を取り付けても機能を満たせないので注意する。

排水槽に溜まった水が腐敗すると硫化水素などが発生し、悪臭の原因となる。悪臭防止対策の一例である東京都の「建築物における排水槽等の構造、維持管理等に関する指導要綱」（ビルピット対策指導要綱）では、排水槽の構造、付帯設備、維持管理などの基準が定められている（$1m^3$ 未満の排水槽は除く）。そのほか、ビル衛生管理法（建築物における衛生的環境の確保に関する法律）でも管理基準が示されているので参考にしたい。

東京都の維持管理基準の場合、排水の滞留時間はおおむね 2 時間以内、清掃頻度は 4 カ月に 1 回以上、定期点検は月に 1 回以上と定められている。イニシャル・ランニングコスト、維持管理、設置条件を考慮すると、戸建住宅の水まわりはできるだけ地下に設けず、なるべく自然放流できる地上階以上で計画したい。

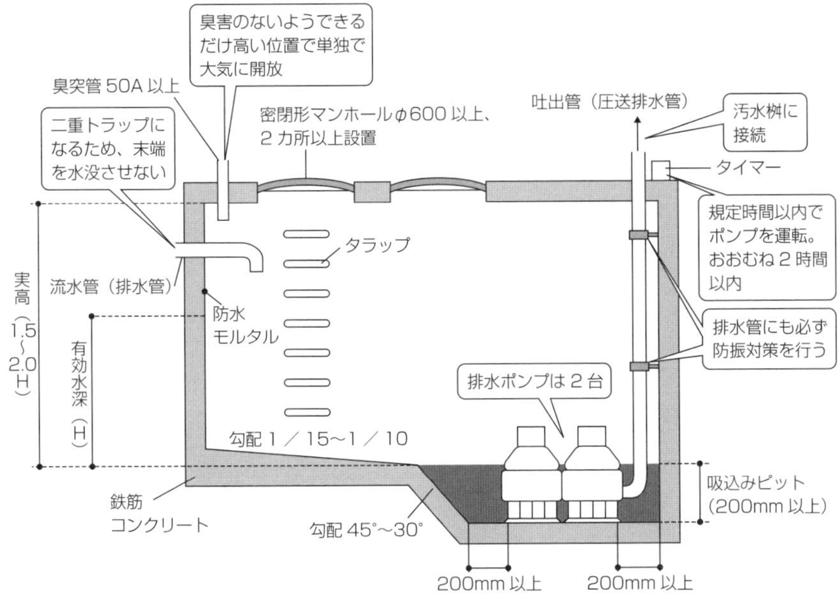

図 2·19 排水槽の標準構造

山田浩幸『建築設備パーフェクトマニュアル 2013』エクスナレッジ（2012）より流用

2-13 雨水排水の方法

雨水排水計画の際は、まず計画敷地が生活排水・雨水排水の合流地域か、分流地域かを下水道局に確認する。分流方式の場合は、雨水の処理方法もあわせて確認する。

正しい排水計画をたてよう

敷地内の雨水は 2 つの系統に分けて排水計画を行う。

1 つは、屋根・外壁・庇・ベランダなどの建物外周部。もう 1 つは地上部である。

建物外周部の雨水は、ルーフドレンや樋によって雨水を集め、雨水竪管や雨水横枝管、雨水横主管を経て雨水桝へ放流する。地上の雨水は地表面の仕上げ状況によって蒸発したり、地中へ浸透したりするものもあるが、残りは側溝、集水桝などで集める。集めた雨水は、地域の下水放流方式に従い、公共の下水道本管や道路側溝へ放流する。

計画敷地が合流式の場合、注意しなければならないのは、雨水管をほかの排水管（生活排水系統）に接続する際、必ずトラップ桝を設けることである。トラップ桝を忘れると、集水口などから臭気が発生するおそれがある。

また、地域によっては雨水の流出抑制を指導しているので、自治体への確認が必要となる。

雨水管のサイズの決め方

雨水管のサイズは、地域の降水量に加えて、屋根やバルコニー、外壁など雨水を受ける部分の面積を考慮して以下の流れに沿って算定し、決定する。

① 雨水管や竪樋ごとに、負担する屋根部分の降水面積を求める。降水面積は水平投影面積と考えればよい。バルコニーなどでは、外壁面の雨水が垂直面に 30° の角度で吹き付けるものとし、外壁面積の 50% を降水面積に加算して算定する。

② 表 2･6 と照らしあわせて雨水竪管、雨水横枝管のサイズを決定する（降水量 100mm/h を基準とする）。

③ 雨水の合流箇所については、雨水横枝管の管径を表 2･6 に照らしあわせて決定する。

雨水竪樋の選定と設置

雨水竪樋は、落ち葉やゴミなどによる詰まりやゲリラ豪雨などを考慮し、最低口径を 65A 以上とする。また、雨水竪樋が 1 箇所詰まった場合でも排水が機能するように、1本を予備として準備し、2 箇所以上設けておくとよい。

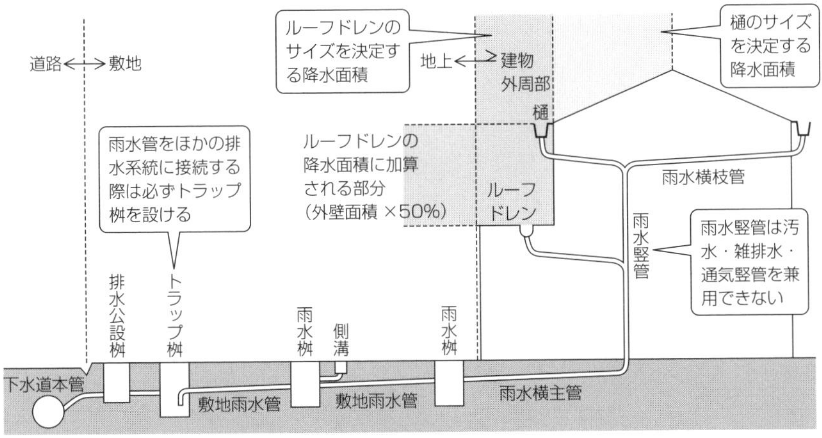

図 2·20　雨水配管のしくみ

$$\text{屋根面積〔m}^2\text{〕} = \text{降水面積} \times \frac{\text{最大降水量〔mm/h〕}}{100}$$

図 2·21　排水管サイズの決定

表 2·6　雨水管の管経サイズ

(a) 雨水竪管

管経〔mm〕	許容最大屋根面積〔m^2〕
50	67
65	135
75	197
100	425

(b) 雨水横枝管

管経〔mm〕	許容最大屋根面積〔m^2〕						
	配管勾配						
	1/25	1/50	1/75	1/100	1/125	1/150	1/200
65	127	90	73	−	−	−	−
75	186	131	107	−	−	−	−
100	400	283	231	200	179	−	−

2-14 浄化槽の設置

浄化槽が必要な地域とは

公共下水道が整備されていない地域では、トイレからの汚水と、キッチンや浴室などからの雑排水を、衛生上支障のない程度に浄化槽で処理して公共用水域に放流しなければならない。その際、各自治体で定められている放流先や処理方法を確認する。

浄化槽には、汚水のみを処理する「単独処理浄化槽」と、汚水・雑排水両方を処理する「合併処理浄化槽」がある。なお、単独処理浄化槽は2001年4月1日より原則廃止とされているため、合併処理浄化槽への設置替えや構造変更をしなければならない。自治体によっては補助・融資などの制度がある。

合併処理浄化槽のしくみ

嫌気ろ床槽に入った汚水は、固形物が取り除かれ、ろ材の表面に付いた嫌気性微生物により有機物が分解され、さらにもうひとつの嫌気ろ床槽を通って同じ処理が繰り返された後、接触ばっ気槽に入る。ここで、水は空気で攪拌（かくはん）されながら、好気性微生物によりさらに処理される。

また、浄化槽は臭気が問題になることが多いので、臭突管を必ず設け、近隣の住居を考慮に入れ苦情が生じないように、できるだけ通風のよいところを選んで立ち上げ開放させる。ブロワはできる限り浄化槽の近くに設置し、騒音にも配慮する。

サイズの選定と設置上の注意

浄化槽のサイズは、処理対象人員（汚水量の目安）から決定する。処理対象人員の算定方法は、JISA3302（日本工業規格）に建物の用途ごとに示されているので、それを参照して算定する。

戸建住宅の場合、処理対象人員は延床面積130m^{2}以下（130m^{2}含）の場合が5人、130m^{2}以上の場合が7人となる。

設置スペースは、5人以下のサイズでも乗用車1台分程度必要になるため、臭気やメンテナンス性も考慮したうえで、慎重に設置場所を検討する必要がある。

また、浄化槽への流入管の深さや放流先によっては、原水ポンプ槽や放流ポンプなどを設ける必要があるので詳細な条件を提示しメーカと打ち合わせる。さらに処理水を敷地内にて浸透処理の場合は、地中に大きな浸透槽が必要となり、外溝計画などに影響を与えかねないので注意する。

BOD 除去率の確認

浄化槽の処理性能は、BOD 除去率によって決まる。BOD 除去率は各自治体で定められているので、あらかじめ確認しておく。

すべての浄化槽は、新設の場合は建築確認申請、既設の改造の場合は浄化槽設置届の提出を行う必要がある。また、定期的な保守点検および清掃とは別に1年に1回の法定検査が義務付けられている。新たに浄化槽を設置したときは、使用開始後3カ月を経過した日から5カ月の間に設置後の水質検査を受けなければならない。

表 2·7　処理対象人員の算定基準

建築用途	処理対象人員数
住宅	延床面積 130m^2 以下 (130m^2 含) の場合 5 人
	延床面積 130m^2 以上の場合 7 人
共同住宅	延床面積× 0.05 ただし、1 戸の人数が 3.5 以下の場合は、3.5 または 2 人とし、6 人以上の場合は 6 人とする

表 2·8　処理対象人員と浄化槽寸法 (戸建住宅の場合)

対象人数	寸法〔mm〕		
	縦	横	深さ
5 人以下	2450	1300	1900
6、7 人	2450	1600	1900

2-15 給湯方式と給湯量

住宅の給湯は「局所（個別）式」

戸建住宅の給湯方式は、局所（個別）式となる。熱源はガス、電気、灯油のほか、最近は太陽熱温水器も利用される。

局所（個別）式とは、小型加熱器により直接水を加熱し、必要な箇所に給湯する方式をいう。

加熱方式は、必要なときに水を湯沸器に通してお湯にする瞬間式と、加熱したお湯を貯湯槽に蓄えておく貯湯式とに分けられる。

給湯能力の表示方法と必要な出湯能力

ガス瞬間給湯器の場合、給湯能力は号数で表示する。号数とは、水温を25℃上げるときの1分間当たりの出湯量（ℓ/min）である。たとえば24号なら、水温＋25℃の湯を1分間に24ℓ供給する能力を持つことを示している。一般に、4人家族の場合は32～24号、単身者の場合は20号または16号、キッチンや洗面室などのスポット給湯には16号または10号が目安となる。

ガス瞬間給湯器は、冬期に水温が低くなると出湯能力が低下するため、能力に余裕を見て大きめの号数を選択することも検討事項となる。

選定の際は、従来型のガス瞬間給湯器か、潜熱回収型高効率ガス給湯器（エコジョーズ）の2種類から選ぶことになる。

電気温水器のしくみと必要な貯湯能力

電気温水器は、タンクに貯めた水を夜間の電力を利用して沸かし、保温して使用する貯湯式の給湯器で、ヒータ式とヒートポンプ式がある。能力は貯湯量で表し、容量は150～550ℓ程度までである。

一般に、4人家族の場合は370ℓ以上、単身者は200～150ℓ、洗面や手洗いなどのスポット給湯には10ℓ程度が目安となる。

機種選定の際は、ガス瞬間給湯器と同様、貯湯量に余裕を見てワンランク上の容量を選ぶとよい。また、割安な夜間の電気を使う電気温水器は、必要な量だけ湯を沸かし、夜までに上手に使いきることが経済的に使うポイントとなる。

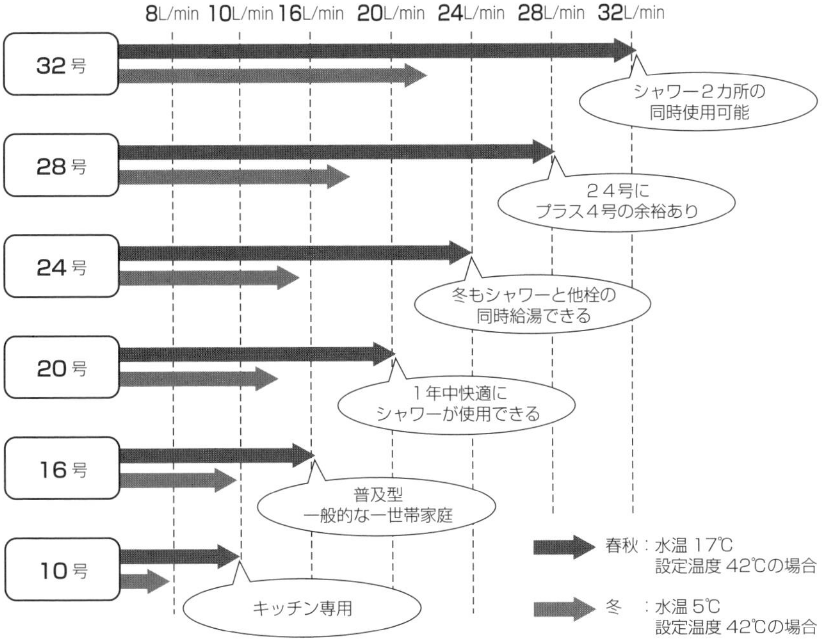

図 2·22 給湯号数と能力

表 2·9 電気温水器の貯湯量の目安

人数	タンク容量	お湯の使用量の目安（42℃換算・冬季）	合計
5～7人	550ℓ	浴槽お湯張り1回（200ℓ）＋シャワー7回（560ℓ）＋洗面・キッチン（150ℓ）	910ℓ
4～5人	460ℓ	浴槽お湯張り1回（200ℓ）＋シャワー5回（400ℓ）＋洗面・キッチン（150ℓ）	750ℓ
3～4人	370ℓ	浴槽お湯張り1回（200ℓ）＋シャワー4回（320ℓ）＋洗面・キッチン（150ℓ）	670ℓ
2～3人	300ℓ	浴槽お湯張り1回（200ℓ）＋シャワー3回（240ℓ）＋洗面・キッチン（150ℓ）	590ℓ

2-16 給湯器の選定

給湯器の種類と特徴を把握して正しく選択しよう

給湯器は、ガス瞬間給湯器、電気温水器の 2 種類に大別されるが、どちらも湯を沸かす機能だけの給湯専用タイプ、給湯と風呂の追焚き機能が付いているタイプ、給湯と追焚きに暖房の機能を備えた給湯暖房タイプがある。

■ 追焚き機能付きタイプ

フルオートタイプとオートタイプ（セミオート）の 2 種類がある。フルオートタイプは、浴槽内の湯量が減ったら自動で足し湯をする機能と、入浴時に湯温の低下を感知し、自動で適温に追焚きする機能を持つ。オートタイプ（セミオート）は、フルオートとほぼ同様の機能を持つが、自動で水位を回復する機能はない。

■ 給湯暖房タイプ

給湯機能のほか、給湯器でつくられた温水を床暖房や浴室暖房乾燥機などの暖房用熱源として利用する機能を持つ。

またオプション機能として、ミストサウナ付き浴室暖房乾燥機があり、ミストサウナ浴を楽しむことができる。さらに最新機種では、デザイン性を重視したリモコンが選べるほか、浴室とキッチンを会話でつなぐインターホンリモコンや浴室リモコンに液晶テレビ（デジタル放送対応）やラジオなどが付いたものもある。

■ 即出湯タイプ

中央式給湯方式を応用した給湯循環が可能な給湯器。やむを得ず給湯配管の距離が長くなってしまい、出湯の待ち時間が心配な場合に採用するとよい。ただし、ガスを燃焼して循環させるためランニングコストがかかるので、採用する場合には注意が必要。

なお、ガス瞬間給湯器には、本体の色を建物の外観にあわせられるようにさまざまなカラーバリエーションがある。発注の際には、色の指定を行うとよいだろう。また、採用する給湯器によっては、国の補助金制度の対象となるものもあるので、メーカなどに問い合わせたい。

そのほかの給湯器についても知っておこう

■ エコキュート（ヒートポンプ式給湯器）

ヒートポンプの原理を利用し、電気で湯をつくる方式。空気中の熱を熱交換器で冷媒に集め、冷媒を圧縮機でさらに高温にして、高温になった冷媒の熱を水に伝えて湯を沸かす。従来式の燃焼式給湯器に比べて CO_2 排出量を大幅に削減する。

■ エコジョーズ（潜熱回収型高効率ガス給湯器）

従来のガス瞬間給湯器は熱効率80％が限界で、使用するガスのうちの約20％が排気熱や排気ガスとして無駄になっていた。エコジョーズは、この問題を解決したものである。排気熱（約200℃）を給湯に再利用することで、排気熱は50℃まで下がり、全体の熱効率は95％まで向上する。また、使用するガス量を13％削減、ガス料金も13％削減できるので、従来型と比較して年間約1万円の節約となる。ただし、エコジョーズには、従来のガス瞬間給湯器には必要なかったドレン配管工事が必要となる点に注意したい。

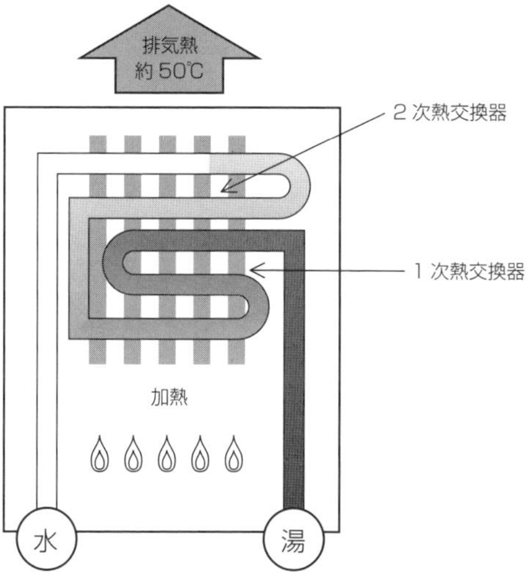

これまで捨てていた20％の排気熱を活用し
熱効率を95％まで向上させた。

図2·23　エコジョーズのしくみ

2-17 給湯器の設置

給湯箇所との距離を考える

住宅の給湯器の設置場所を決めるとき、まず検討すべきは給湯箇所との距離である。給湯器と給湯箇所が離れてしまうと、湯が出るまでの待ち時間が長くなり、ストレスを感じるとともに、捨て水も多くなって無駄が生じる。できるだけ浴室・洗面・キッチンなど給湯箇所の近くに設置するようにしたい。

やむを得ず浴室・洗面所とキッチンなど給湯箇所が離れて計画されている場合は、給湯器を2台に分け、それぞれ必要な能力ごとに設置したり、即出湯タイプの給湯器を使用するか、即湯ユニットを設置する方法も有効である。

また、給湯器の設置箇所と給湯箇所に3m以上の高低差が生じる場合は、対応可能な機種かどうかメーカに確認する。加えて故障時のメンテナンススペースを十分に確保することも重要な検討事項になる。

ガス瞬間給湯器に必要なスペースはどのくらい?

ガス瞬間給湯器を屋内に設置する場合は、周囲の建材を確認する。側壁や前面扉が可燃材料であれば、離隔距離の45mm以上確保が必要となる。不燃材料であれば離隔距離の制限はないが、施工上は50mm以上の距離を確保することが望ましい。屋内にガス瞬間給湯器を設置する場合については、念のため所轄の消防署やガス会社に相談する。

一方、屋外設置型のガス瞬間給湯器は、燃焼時の排気が淀むことなく外部に排気できる位置に設置することが原則となる。このほか、燃焼排気口と建物開口部との離隔距離（側方15cm・上方30cm・下方15cm・前方60cm）などの規定もあるので、詳細はしっかり確認しておきたい。開口部には、給気口や排気フードなども含まれる。

ガス給湯器の設置については、日本ガス機器検査協会の「ガス機器の設置基準及び実務指針」によって設置基準が定められているため、ガス会社へ問い合わせて確認することも重要である。

電気温水器は荷重に注意

電気温水器を設置する際は、荷重（370ℓタンクで410～470kg）を考慮し、構造上耐えられる設置場所を検討する。屋内にタンクを設置する場合は、万一の漏水対策も考慮しなければならない。

エコキュートの場合は、ヒートポンプユニットと貯湯タンク間の高低差に制約があるので、事前の確認を忘れないようにする。

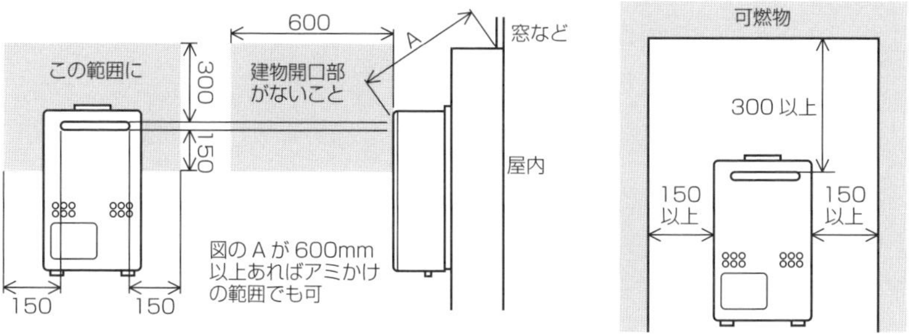

（a）開口部周囲の離隔距離（単位：mm）　（b）燃焼排気口周囲の離隔距離（単位：mm）

図 2･24　給湯器の設置例

山田浩幸『建築設備パーフェクトマニュアル 2013』エクスナレッジ（2012）より流用

表 2･10　給湯配管と出湯時間の関係（銅管 20A）

配管の長さ〔m〕		5	10	15	20
捨て水量〔ℓ〕		1.7	3.4	5.1	6.7
所要時間〔s〕	キッチン	20	40	60	80
	洗面	17	34	51	67
	シャワー	11	21	31	41

2-18 ガス設備の設計

都市ガスと LP ガス

ガスの供給方法には、都市ガスと LP ガスの 2 種類がある。

都市ガスは、前面道路に埋設された都市ガス本管を経て各住戸に引き込まれる。原料や製造方法、発熱量などによって全国で 13 種類に分かれており、なかでも 12A・13A ガスの 2 種類が全国の 8 割を占める。現在はそのほかのガスを供給するガス事業者も、12A・13A ガスへの切り替えを進めている。

LP ガスは、天然ガスを冷却液化したもので、常温でも加圧すれば簡単に液化できるため、一般にボンベに詰めて供給される。貯蔵や取り扱いが容易で、都市ガス供給がないエリアで広く使用されている。設置する際は、ガス使用のピークとなる冬季の 1 日の使用量と交換の周期を想定したうえで、ボンベの大きさや本数を決める。

都市ガス、LP ガスを問わず、現在のガスメータは、ガス漏れや地震を感知すると自動でガスを遮断する安全装置付きマイコンメータが幅広く使用されている。どちらも適合するガスの種類がラベルに明示されているので、必ず確認してから使用する。確認できない場合は、利用しているガス事業者に問い合わせる。

2009 年 4 月 1 日より「長期使用製品安全点検制度」が施行された。これにより、ガス機器などの火災や事故を防ぐため、消費者はメーカに所有者登録が必要になり、適切な時期に点検できるようになっている。

ガス配管と安全対策

ガス管は給排水管と同様、コンクリートに埋め込んではならない。また、電気配線と低圧ガスは 100mm 以上離す必要があるが、接地処理した電線管とは接触を避けていればよい。

ガスコックなどは、電気コンセント、スイッチと 150mm 以上離す。建物下のピット内にガス管を通す場合は、万一ガス漏れがあった場合に備え、通気口を設ける必要がある。

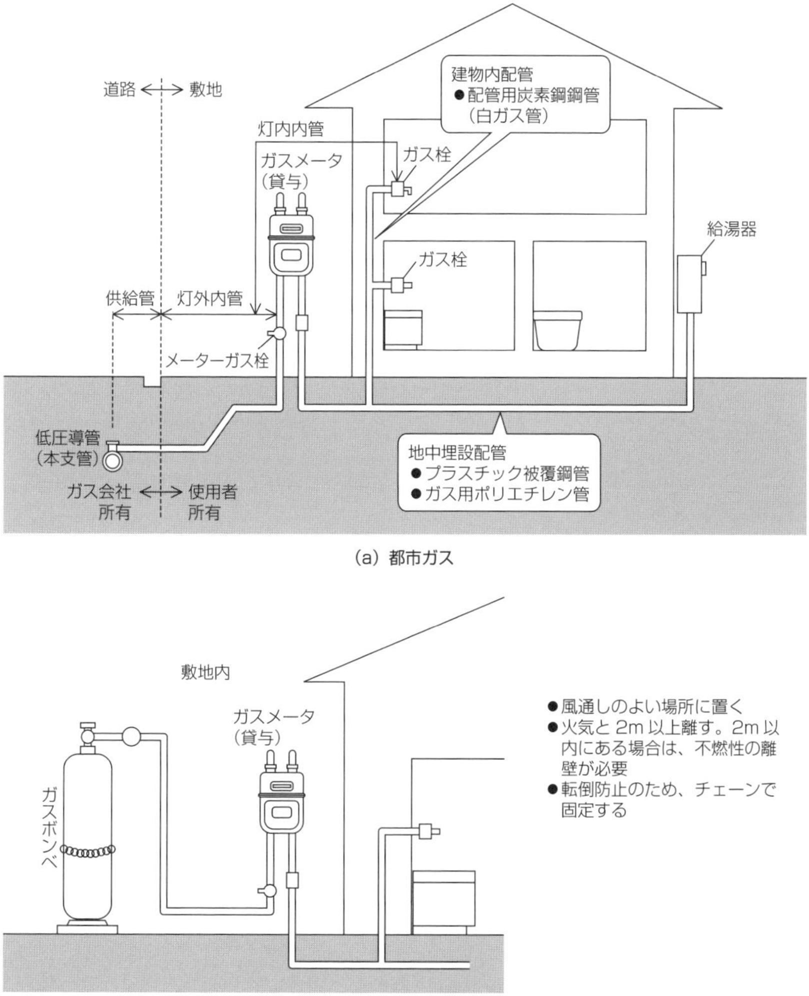

(a) 都市ガス

(b) LP ガス（ボンベ供給方式）

図 2·25　都市ガスと LP ガス

山田浩幸『建築設備パーフェクトマニュアル 2013』エクスナレッジ (2012) より流用、一部改変

2-19 給排水配管の種類

■ 硬質塩化ビニルライニング鋼管（VLP）

給水管の主力材料、外面は配管用炭素鋼管　内面は硬質ポリ塩化ビニル管にて構成される。鋼管の剛性と塩ビ管の耐食性を兼ね備えた配管であり、その中でも外面被覆が異なる 3 種類がある。耐熱温度は約 40℃。

■ 耐熱性硬質塩化ビニルライニング鋼管（HTLP）

硬質塩化ビニルライニング鋼管と同様の構成だが、内面に耐熱性の硬質ポリ塩化ビニルライニングを施したもの。表面はさび止め塗装。給湯管の材料で、銅管の次によく使用される。耐熱温度は約 85℃。

■ 耐衝撃性硬質ポリ塩化ビニル管（HIVP）

ポリ塩化ビニルでできており、色は濃紺。VP（硬質ポリ塩化ビニル管）と比べ衝撃に強く、外・内力による割れが生じにくく、またコストも安価のため戸建住宅の給水管の材料によく使用される。耐熱温度は約 40℃。

■ 耐熱性硬質ポリ塩化ビニル管（HTVP）

耐熱性のポリ塩化ビニルでできており、熱に強く、給湯管やキッチンシンクの排水管として使用される。近年、信頼性が向上し、多く採用されている。耐熱温度は約 85℃。

■ 排水用硬質ポリ塩化ビニル管

汚水・雑排水などの生活排水用配管、通気用配管、雨水配管の主材料で、一般管（VP）、薄肉管（VU）がある。耐熱温度は約 40℃。

防火区画貫通には適さないので、その場合は耐火二層管（TMP）を使用する。

■ 耐火二層管（TMP）

排水用塩化ビニル管（VP・VU）に耐火材で外装したもの。集合住宅などの排水管の主材料となる。防火区画貫通の認定品で、貫通処理が必要な場所で使用できる。また、外皮に耐火材で被覆されているため保温処理も省略できる。同素材で肉厚がひとまわり薄い「VU 管」もあり、コストや強度の違いで使い分ける。耐熱温度は約 40℃。

■ 架橋ポリエチレン管

戸建住宅・集合住宅の給水・給湯用配管に使用。配管は樹脂製で柔軟性があり継手なしで曲げ配管ができるため施工性がよく、水漏れなどの事故のリスクが少ないため、近年非常によく使用される。施工方法として、ヘッダー工法と先分岐工法の選択がある。

耐熱性に優れ耐熱温度は約 95℃。配管口径は最大 20mm まで。

■ ポリブデン管

基本的には架橋ポリエチレン管と同様の特徴を持つが、違いは大口径の対応も可能であることである。

■ 配管用炭素鋼鋼管（SGP）

圧力の比較的低い蒸気、油、ガス、空気などの配管に用いる。黒管と、表面に亜鉛メッキを施した白管がある。

表 2·11　給排水配管材料の早見表

配管材料	記号	給水		給湯	排水・通気					消火	油	コスト
		住戸内	共用部		汚水	雑排水	雨水	通気	ドレン管			
硬質塩化ビニルライニング鋼管	VLP	○	○									高
耐衝撃性硬質ポリ塩化ビニル管	HIVP	○	○									中
硬質ポリ塩化ビニル管	VP	○	○		○	○	○	○	○			低
耐熱性硬質塩化ビニルライニング鋼管	HTLP			○								高
被覆銅管・銅管	CU			○								中
耐熱性硬質ポリ塩化ビニル管	HTVP			○		○ キッチン 食洗機						低
樹脂管（架橋ポリエチレン管）		○		○								中
樹脂管（ポリブデン管）		○		○								中
ステンレス鋼管	SUS	○	○	○								高
排水用硬質塩化ビニルライニング鋼管	DVLP				○	○	○	○	○			高
耐火二層管	TMP (VP)				○	○	○	○	○			中
配管用炭素鋼鋼管	SGP						○	○		○	○	中

第3章

空調換気設備の計画

3-1 熱の原理

熱の移動が室温に影響します

建物は、屋根、壁、床、窓などを介して常に熱の移動が起こっている。熱（エネルギー）は、温度の高いほうから低いほうへ移動する性質がある。その伝わり方には、対流、伝導、放射（輻射）の３種類がある。

■ 熱伝導率と熱貫流率

熱は、熱伝達→熱伝導→熱伝達の３過程を経て移動する。これを「熱貫流」と呼ぶ。

「熱伝達」とは、熱が空気から壁体（固体）の表面へ、また壁体（固体）の表面から空気へと伝わっていくことである。

「熱伝導」とは、熱が壁体（固体）の内部を伝わっていくことである。つまり熱貫流とは、壁体（固体）を挟んだ一方の空気から、反対側の空気へと熱が伝わることを指す。

熱の伝わり方は、固体（材料）によって変化する。固体（材料）の種類によって、熱の伝わりやすさを数値で表したものを「熱伝導率（W/m・K）」といい、さまざまな固体（材料）の種類や厚さが複合的な状態での熱の伝わりやすさを数値で表したものを「熱貫流率（K値、W/m^2・K）」という。

熱関連の用語と意味をもう一度おさらい

■ 熱伝導率（単位：W/m・K）

伝導（熱が物体内を移動する現象）による物質の熱の伝わりやすさを表す数値。物質の両面に1℃の温度差があるとき、1m^2当たりに1時間で伝わる熱量を示す。この値が大きい物質ほど移動する熱量が大きく、熱が伝わりやすいことになる。

■ 熱貫流率（K値）（単位：W/m^2・K）

建物の壁や床など、場所による熱の通過しやすさを表す数値。物質の両側の温度差を1℃としたとき、1m^2の広さに対して1時間に何Wの熱が伝わるかを示したもので、K値と呼ばれる。この値が小さいほど熱を伝えにくく、断熱性能が優れていることになる。

■ 熱抵抗値（R 値）

断熱材など、部材自体の熱の伝わりにくさを表す数値で、部材の厚さをその材料の熱伝導率で割ったものである。熱伝導率が素材の単位面積当たりの数値であるのに対して、熱抵抗値は材料の厚さを考慮している。この数値が大きいほど熱が伝わりにくい。特に断熱材の性能を示す場合に使われる。

■ 熱損失係数（Q 値）（W/m^2・K）

断熱性能を数値的に表す数値で、室内外の温度差が 1℃のとき、家全体から 1 時間に床面積 $1m^2$ 当たりに逃げ出す熱量。値が小さいほど断熱性能が高いことを示す。熱損失係数（W/m^2・K）は、外壁や天井・床などの各部位の熱の逃げる量（熱損失量）を合計し延床面積で割った数値である。断熱性能を住宅全体で判断することができる。

■ 熱容量（単位：kJ/㎡・K）

物質の温度を 1℃上げるのに必要な熱量を表す数値。熱容量が大きいほど暖まりにくく、冷めにくい。材料の密度にほぼ比例し、熱容量が大きいコンクリートやレンガなどは蓄熱材として利用される。

$$\text{熱貫流率（K値）}=\frac{1}{\text{材料の厚さ〔m〕}\div\text{材料の熱伝導率〔W/m・K〕}}$$

値が小さいほど熱を伝えにくい

熱伝導率
単位厚さ当たりの熱伝導率〔W/m・K〕

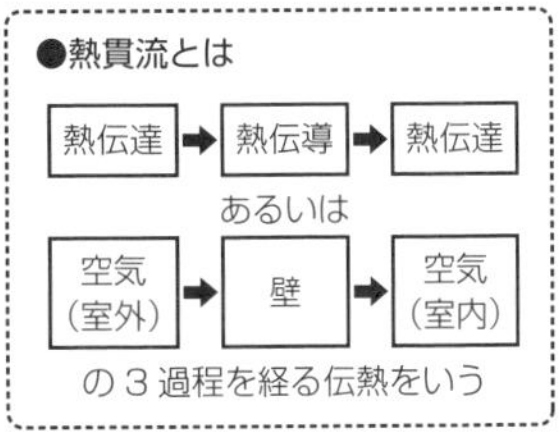

図 3-1　熱貫流率と熱伝導率の関係

表 3-1　エネルギーの単位換算表

J※	kg・m	kWh※	kcal
1	1.0197×10^{-1}	2.7778×10^{-7}	2.3892×10^{-4}
9.8066	1	2.7241×10^{-6}	2.3430×10^{-3}
3.6000×10^{6}	3.6710×10^{5}	1	8.6011×10^{2}
4.1855×10^{2}	4.2680×10^{2}	1.1626×10^{-3}	1

※　1J = 1W/s、1kWh = 3.600W/s　（計量法カロリーの場合）

3-2 冷暖房方式の種類

冷暖房の方式を検討する際には、住む人のライフスタイル、熱源エネルギーの種類、計画地の環境、イニシャルコストやランニングコストなどを考慮して、住まいに最適な冷暖房設備を計画することが必要となる。

冷暖房方式は３種類。それぞれの特徴を把握しよう

冷暖房方式は、大別すると「対流式」「伝導式」「放射（輻射）式」の３つに分かれる。

■ 対流式

最も一般的な冷暖房方式で、エアコンやファンヒータなどのように、温風や冷風を直接室内に放出し、強制的に空気の対流を起こして室温を調節する。施工性やコスト面から最も採用されやすい方式である。

■ 伝導式

床暖房やホットカーペットのように、部分的ではあるが直接熱媒体が身体に触れることで暖かさが感じられる方式である。部屋面積の７割以上に放熱体を敷設して放射効果を利用すれば、空間を暖める主暖房にもなる。

■ 放射（輻射）式

室内に暖かい面や冷たい面を設けることで、温風や冷風が直接身体に当たることなく、心地よい暖かさや涼しさを体感させるのが放射式である。ただし、部屋全体の冷暖房として使用すると、イニシャルコストが割高になり、快適な温度になるまでに時間がかかるなどの問題があるため、通常はエアコンを補助的に併用する場合が多い。

静穏を求める室やアレルギーや花粉対策に力を入れたい場合は、以上の３方式のうち、伝導式・放射式を採用するとよいだろう。

個別方式とセントラル方式の違いってわかる？

それぞれの冷暖房方式を用いて、各居室やエリアごとに空調機器を設けるのが「個別方式」、建物全体を１つの機器（システム）で空調するのが「セントラル方式」

である。

セントラル方式は、廊下・トイレなどでも温度ムラが少ないため、高齢者の健康に配慮するような建物に向いているが、大型空調機や大口径のダクトが必要となるので、設置場所、納まりなどを十分検討する。また、マルチエアコンのように、1台の室外機に対して複数台のエアコン室内機を接続する方式もある。

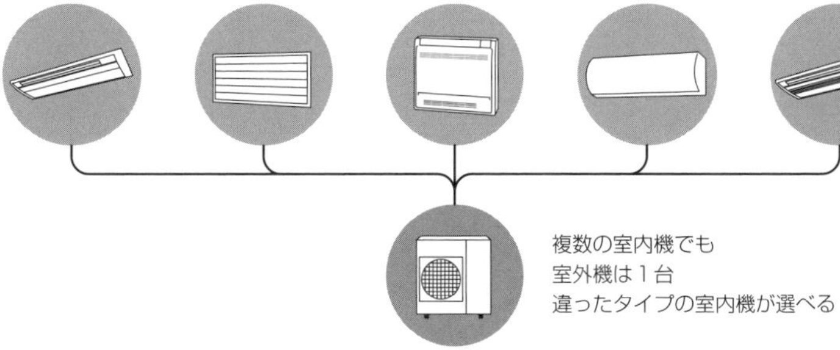

図 3·2　マルチエアコンのしくみ

表 3·2　空調方式の種類

山田浩幸『建築設備パーフェクトマニュアル 2013』エクスナレッジ（2012）より流用、一部改変

<table>
<tr><th>方式</th><th>対流式</th><th>伝導式</th><th>放射式</th></tr>
<tr><td rowspan="2">特徴</td><td>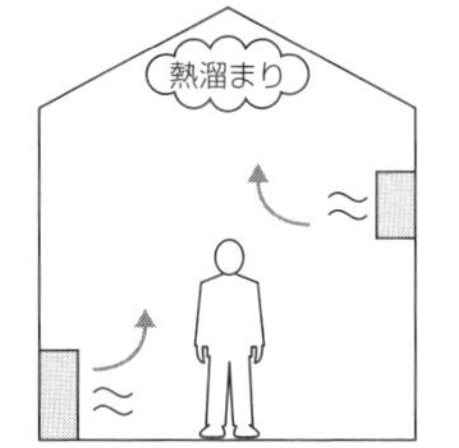</td><td>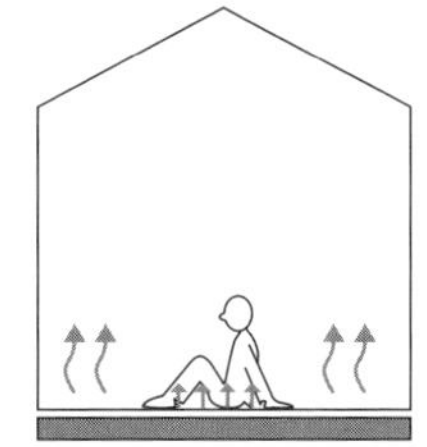</td><td>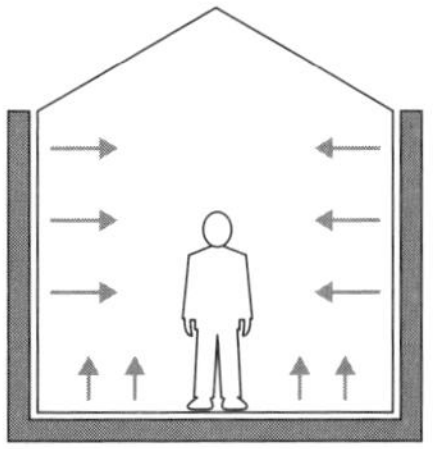</td></tr>
<tr><td>エアコンやファンヒータなど、温風や冷風を直接放出し、強制的に空気の対流を起こすことで室温を調節する。</td><td>床暖房などのように、直接熱媒体に接触することで、暖かさを感じられる。</td><td>暖房時は機器・躯体からの放射熱により、人間の体表面の熱放射量を少なくして暖かさを伝える。温度の低い場所にも熱が伝わり、室内空気も均一に暖まる。</td></tr>
<tr><td rowspan="2">メリットと注意点</td><td rowspan="2">・急速に冷暖房が効く。
・天井付近ばかりが暖まりやすいので、頭がボーッとしたり、逆に床付近の足元に冷えを感じる。
・温風や冷風が直接身体に当たり、不快に感じる場合がある。</td><td colspan="2">・温風や冷風が直接身体に当たることなく、心地よい暖かさや涼しさを感じる。
・対流式に比べ、部屋全体が暖まるまでの時間が必要。</td></tr>
<tr><td></td><td>・イニシャルコストがほかの方式より割高。</td></tr>
</table>

3-3 エアコンの選定方法

カタログを正しく読めていますか？

エアコンを選定する際は、メーカのカタログに記載されている対応畳数の目安を基準に選定するのが一般的である。たとえば、対応畳数が６～９畳であれば、木造住宅南向きの６畳～RC造住宅南向きの９畳に対応している。

ただし、部屋の広さが同じであっても、窓の大きさや位置、室の気積（室内の空気の容量）の差によって、エアコンの対応畳数の目安は変わるので注意する。特に西面・東面に大開口のある部屋や、天井の高い部屋など、熱負荷のかかりやすい部屋には、余裕を持たせた畳数設定が必要になる。

能力の見極め肝心です

次に確認するのが能力である。エアコンの能力は〔kW〕で表され、たとえば冷房が「2.2」であれば、このエアコンは2.2kWのパワーで部屋を冷やすことができるということ。最近主流のインバータエアコンは能力を制御できるため、冷房時に部屋がある程度冷えてくると、エアコンが自動的に能力を落とし、設定温度を維持するように運転する機能を持つため、能力に余裕を見込んで選定してもよい。

通常は熱負荷計算によって計算を行い冷暖房負荷を算定するが、概算値で算定する場合には、表3･3の数値と室内面積を掛けて算定する。角部屋などは数値の大きいほうの方位の熱負荷を掛けて算出するとよい。一般的なエアコンは、暖房より冷房の能力のほうが劣るので選定時は冷房の能力を優先する。

たとえば、西面に窓がある$15m^2$の場合（上が屋根）、

$$15m^2 \times 220W/m^2 = 3{,}300W$$

つまり、3.3kW以上の能力のエアコンが必要となる。

省エネ性に配慮する場合はどこを見る？

選定の際に注意すべき省エネの目安は、省エネ型の家電製品に表示されている省エネラベルをチェックする。省エネラベルとは、国が2000年8月にJISで標準化した表示制度で、国の定める目標値をどの程度達成しているか、その達成度合いを表示したものである。

① 配管の長さ最大高低差
② 消費電力
③ 運転能力
この数字が大きいほどパワーが強く、広い部屋に設置できます。
インバーターエアコンは、( )内の能力幅で効率よく運転します。
④ 設置する部屋の広さ
⑤ 省エネ基準達成率、通年エネルギー消費効率(APF)を表示
⑥ 電源とプラグの種類を表示
単相 100V は一般的な電源です。最近は単相 200V も増えています。

図 3·3　エアコンのカタログの見方

表 3·3　冷暖房負荷概算値

山田浩幸『建築設備パーフェクトマニュアル 2013』エクスナレッジ (2012) より流用

部屋の種類			積算熱負荷〔W/m²〕		換気回数〔回 /h〕
			冷房	暖房	
木造住宅 (断熱あり、ペアガラス、庇 50cm ありの場合)	居室 (上が屋根の場合)	南向き	180	180	0.5
		西向き	220		
		北向き	160		
		東向き	200		
	居室 (上が居室の場合)	南向き	160	160	0.5
		西向き	200		
		北向き	140		
		東向き	180		

注　東京地区の場合

3-4 エアコンの設置

エアコンの設置で大切なのは冷媒管の長さや高低差

エアコンの設置場所は、通常、外壁内部に室内機、その外部に室外機をセットし、冷媒管用スリーブを通して接続する。エアコンには、熱の交換を行うために室内機と室外機を結ぶ冷媒管と、エアコンから出る結露水（ドレン排水）を排出するドレン管の２本が必要になる。

配管は、将来の機器交換時に冷媒管の再利用ができないと壁を壊さなければならないこともあるので、極力露出配管とする。

室外機は、外壁付近に設置するのが困難な場合でも、できるだけ冷媒管の距離が長くならない位置に設置したい。室内機と室外機を離れた位置に設置せざるを得ない場合には、必ず冷媒管の長さと最大高低差を確認して、許容値内に収めるようにする。

気をつけよう！クレームになりやすい事項

室内機は、外部からの熱の影響を受けやすい場所（窓側など）に向かって冷温風が吹くような位置を選び、部屋の隅々まで届くようにする。たとえエアコンの能力が十分でも、冷温風が隅々まで届かないと、施工後のクレームとなりかねない。また、ドレン排水は室外機からも出るため、その処理も忘れてはならない。ドレン管を排水桝に放流する場合は、臭気処理のため、必ずトラップなどを設ける。

室外機置き場は、排熱や騒音などが近隣からのクレームとなりやすいので、周囲の状況も考慮し決定する。また、隣戸との狭い隙間にやむを得ず設置する場合には風向調整板で対応する。

エアコンを上手に隠すには？

最近では、壁掛け型や床置き型をエアコンは意匠的に家具などの中に隠蔽するケースが多いが、ほとんどのケースでショートサーキット（給気口と排気口が近すぎて、狭い範囲で空気が循環してしまう現象）を起こしてしまい、正常に作動していないと考えてよい。

意匠的にエアコンを隠蔽したい場合には、基本的に隠蔽型エアコンを選定することとなる。やむを得ず壁掛け型や床置き型エアコンを化粧ガラリで隠す場合には、以下のポイントを押さえておきたい。

①　化粧ガラリの開口率は70%以上確保する。

②　仕切板などを利用し、ショートサーキットを防ぐ。

③　メンテナンスのしやすさに配慮する。

メーカによっては、隠蔽型のヒートポンプユニットを空調用のガラリと組み合わせて使える製品を販売している。居室の条件や建て主の要望に合わせてうまく活用するようにしたい。

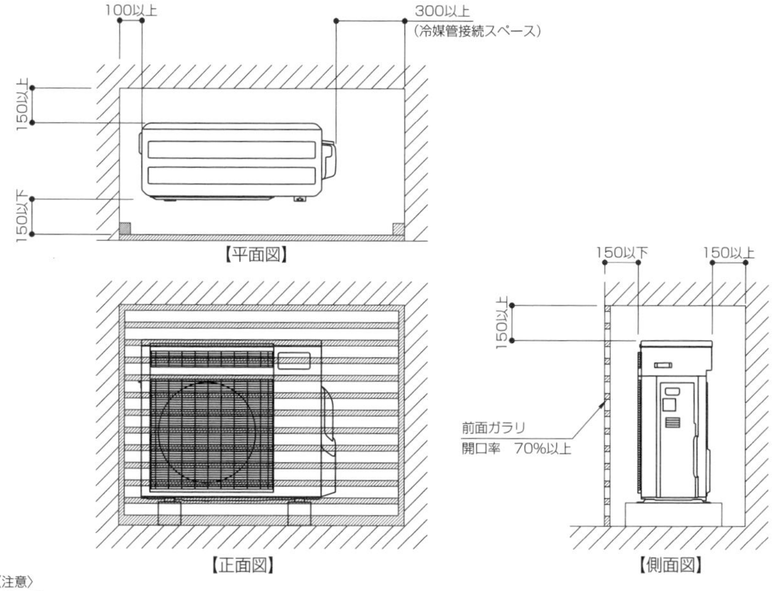

〈注意〉
1.前面ガラリはメンテナンス用に取り外し可能とする。
2.室外機からもドレンが出るので処理方法を考慮する。

(a)　室外機

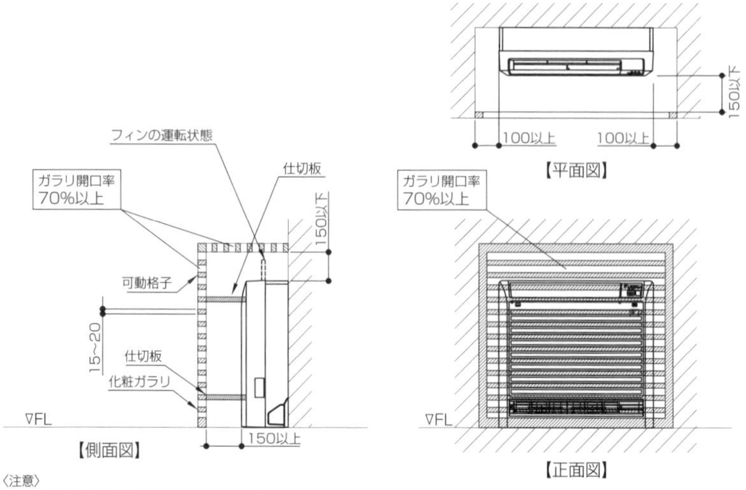

〈注意〉
1.前面ガラリは結露防止のため木製ガラリが望ましい。
2.前面ガラリはメンテナンス用に取り外し可能とする。
3.機器の詳細寸法はメーカーにより異なるので確認が必要。
4.フィンの稼働寸法の範囲はメーカーにより異なるので必ず確認が必要。

（b）床置型

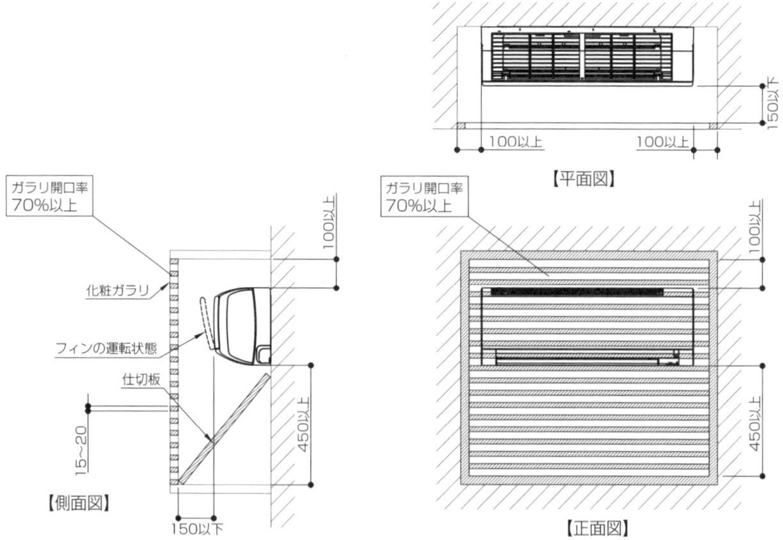

〈注意〉
1.前面ガラリは結露防止のため木製ガラリが望ましい。
2.前面ガラリはメンテナンス用に取り外し可能とする。
3.機器の詳細寸法はメーカーにより異なるので確認が必要。
4.フィンの稼働寸法の範囲はメーカーにより異なるので必ず確認が必要。

（c）壁掛型

図 3·4　エアコン・室外機を上手に隠す方法

図 3·5　床置型の設置例

図 3·6　壁掛型の設置例

3-5 床暖房の選び方

床暖房の方式にはどんなものがある？

電気ヒータ式

通電によって発熱するヒータパネルを床に敷き込む方式。施工が簡便で、既存住宅や狭い範囲の床暖房を希望する場合などに導入しやすい。また、立ち上がりが早いため、外出が多く頻繁にオン／オフを繰り返す場合や、オール電化住宅で昼間よりも夜間や朝によく使用する場合などには適している。種類は、電熱線式・PTC ヒータ式・蓄熱式の３タイプで、近年は表面自体が周囲の温度を感知し、発熱量をコントロールする PTC ヒータ式が増えている。

割安な夜間の電気を利用して暖房する電気蓄熱式床暖房方式もあるが、この方式は、前日に蓄熱材に熱を蓄熱し、翌朝よりその熱で床暖房を行うため、基本的にオン／オフの区切りがない。昼間は誰もいない家庭では無駄が多いので、家族の生活パターンと合わせて十分検討を行う。

温水循環式

温水パイプが組み込まれたパネルを床に敷き込む方式。電気ヒータ式と比べて比較的ランニングコストが安価となるので、広い面積の床暖房を希望する場合や、長時間使用する場合に適している。熱源は電気・ガス・灯油いずれも選択可能。ただし、どの熱源でも、床暖房に対応した給湯器（ガス給湯熱源機、エコキュートなど）を選び、床暖房エリア（床暖房パネル）まで温水配管で温水を供給する必要があるため、配管ルートの確保が必須となる。このほか、ヒートポンプエアコンの室外機で温水をつくって循環させ、床暖房できるものもある。

床暖房で注意するところはどこ？

床暖房がほかの暖房と異なる点は、足元から暖めた放射熱で部屋全体をムラなく暖められるところにある。ただし、床暖房を主暖房として利用する場合には、以下の点に注意したい。

①　住宅の断熱・気密性能が次世代省エネ基準レベルであること。

②　敷設面積が部屋面積の 70％以上（少なくても 60％以上）であること。

③　熱が床下に逃げないように断熱すること。

仕上材は、床暖房対応のフローリングを選ぶ。最近では、無垢フローリングでも含水率を5～8％まで下げた床暖房対応製品がでており、選択の幅は広がっている。そのほか、一度暖まると蓄熱し、保温効果のあるタイルや石なども床暖房に向いているといえるだろう。

表 3·4　床暖房の方式と特徴

方式	電気ヒーター式	温水循環式	
熱源	電力	ガス（灯油）	電力
特徴	通電によって発熱するヒータパネルで暖める	温水パイプの不凍液を循環させる	ヒートポンプ利用のため消費電力少ない
	熱電機器を設置する必要なし	暖房能力高く、ランニングコストがあまりかからない	夜間の電気を利用するためランニングコストを抑えられる
	施工簡単、イニシャルコスト安い	ボイラー設置スペース要。交換、メンテ必要	
種類	電熱線式	暖房専用型	暖房専用型
	PTCヒータ式	給湯兼用型	給湯兼用型
	蓄熱式		

図 3·7　床暖房の実例
（提供：東京ガス株式会社）

3-6 放射冷暖房

放射冷暖房の特徴を把握しよう

放射冷暖房は、温度が高いほうから低いほうに移動する熱の性質を利用し、室内に暖かい面と冷たい面を設けることによって、エアコンのように局部的な冷温風もなく、自然で快適な室内温熱環境をつくり出す冷暖房方式。

イニシャルコストはほかの方式と比べて高額だが、得られる温熱環境の質が高い。ただし、その効果は躯体の断熱性能に影響されるため、少なくとも次世代省エネ基準レベルの断熱・気密性能を確保する必要がある。

■ 放射冷暖房の特徴

・空調機からの送風による空気対流がないので、場所による温度ムラが起こらない。
・放射効果で室内の温度分布が均一になる。
・機械からの送風音がないため、室内環境が静かである。
・冷房時は設定温度を高く、暖房時は低くしても快適であり省エネ効果が高い。

放射冷暖房パネルのしくみを知ろう！

熱源機でつくった冷温水をラジエータのなかに送水して冷暖房を行う。暖房時は体温程度の中温水、冷房時は冷水を循環させ、放射によって空間全体に安定した温熱環境をつくり出す。

夏季はラジエータ表面に結露を起こすことで自然除湿を行い、体感的にだけでなく、見た目にも爽やかな涼しさをつくる。小さな熱源機によって 24 時間連続運転させることが前提で、省エネ効果も高い。

天井放射冷暖房のしくみを知ろう！

天井の放射パネルに、夏季は冷水を流し、冷やされた天井からの放射によって、人の身体からの熱や室内壁の熱を吸収することで涼しさを感じられる。冬季は、天井の放射パネルに温水を流して天井面を暖めると、人の体表面からの熱放射量が少なくなり、暖かさを感じられる。

また、床や壁などにも放射熱が伝わるので、低い室温でも快適に感じ、部屋のどこにいても均一の暖かさが得られる。

床放射冷暖房のしくみを知ろう！

床内に空調機からの冷温風を通し、窓際の床吹出し口から室内に送風することによって、床面を冷やしたり暖めたりする。効果は天井放射冷暖房と同様だが、放射と対流を併用した方式であることがほかの方式との違いである。

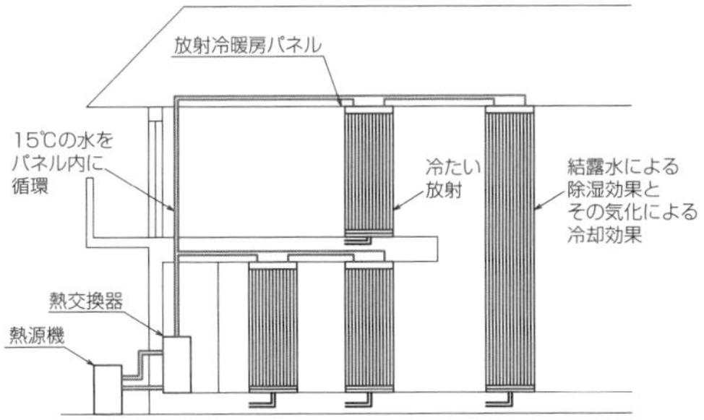

(a) 夏

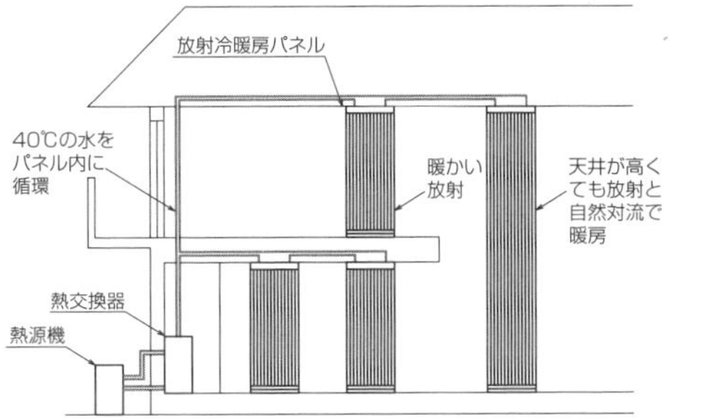

(b) 冬

図 3·8　放射冷暖房パネルのしくみ

図 3·9　放射冷暖房パネルの例

（提供：ピーエス）

3-7 加湿と除湿

一般的に快適とされる湿度は40～60％程度であるが、夏は、水蒸気をたくさん含んだ熱い外気を冷やすと、相対湿度が一気に上昇してしまうので除湿が有効となる。

相対湿度が100％を超えると空中の水分が水滴となって現れる。エアコンの内部で発生した水滴はドレンとなって外部に排出される。

逆に冬は、絶対湿度の低い冷たい外気をそのまま暖めると、相対湿度が下がるため加湿が必要になる。冬の風邪のウイルスは湿度に弱いため（夏のウイルスは別）、部屋の湿度を40％以上に保つことが風邪予防に役立つ。

加湿器の種類を知っておこう

加湿器には、やかんでお湯を沸かすのと同じ原理のスチームファン式（加熱式）、水を含んだフィルタにファンで風を送り、気化させるヒータレスファン式（気化式）、湿度が低いときは加熱し、安定したらヒータレスの気化式で加湿するハイブリッド式（加熱気化式）などがある。

除湿機の種類を知っておこう

除湿機には、空気を冷やして水分を取り除くコンプレッサ式、水分の吸着性能に優れたゼオライトで水分を取り除き、ヒータで暖め、乾燥した空気を吐き出すデシカント式、両者の長所を融合させたハイブリッド式などがある。

結露の原理をもう一度おさらい

空気は高温になるほど多くの水蒸気を含むことができ、低温になると含む量が減る特性がある。これをふまえ、空気線図を用いて結露が発生する原理を説明すると、たとえば、冬季に室内の乾球温度が25℃、相対湿度が50％の空気を、絶対湿度が一定の状態で温度を下げていくと、相対湿度が上昇する。

そして約14℃（露点温度）で100％の飽和状態となり、さらに冷やされた空気の余剰水分が発生する。この現象が「結露」である。

つまり冬季に室内の水蒸気を含んだ暖かな空気が、冷えた窓ガラスやサッシに触れて急激に冷やされると、空気に含まれていた水蒸気が水滴となって現れるのである。これを表面結露という。表面結露を防ぐには、複層ガラスや断熱サッシ、各種断熱材を用いて、建物内部に低温部分をつくらないように配慮するか、換気にて暖かな空気を排出することが結露防止に有効である。

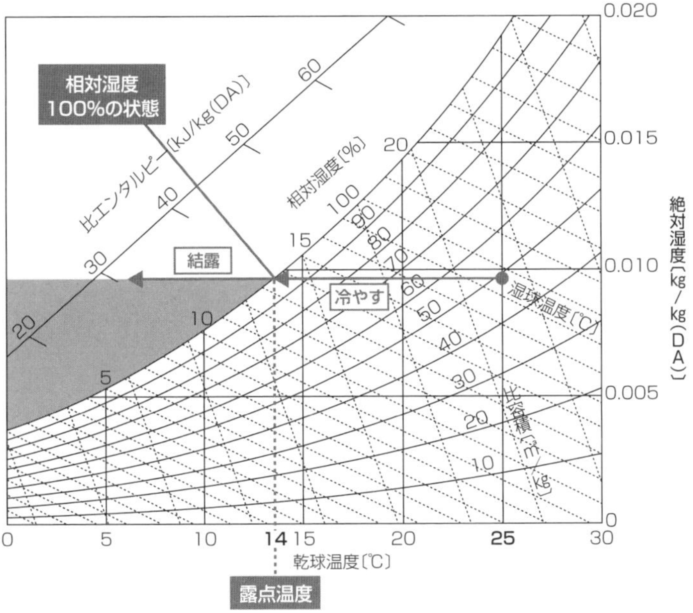

図 3·10 空気線図

3-8 換気方式の種類

細分化される換気方式についていける？

室内の汚れた空気を屋外に排除し、逆に新鮮な空気を取り入れることを換気という。

換気の方法は、「自然換気」と「機械換気」に大別される。自然換気は、窓などの開閉による室内外の外風圧（風力換気）や温度差（換気）で行う最も省エネな手法の１つであるが、外風の影響が大きいため、機械換気のように常に安定した効果を求めるのは難しい。

機械換気は、給気ファンや排気ファンなどの換気機を使用し、強制的に換気を行う。その際、給気と排気の両方、または給気と排気のどちらかにファンが必要で、その組み合わせによって第１～３種の方式に分かれる。また、機械換気には「ダクト方式（セントラル換気システム）」と「ダクトレス方式」があり、部屋の種類に応じて換気方式を選択することになる。さらに、換気の範囲によって「全般換気」と「局所換気」に分けられる。

機械換気の特徴を整理しよう

第1種換気方式

給気と排気の両方を換気機で行う方式である。各部屋に必要な給気量と排気量を確保するのに最も適しており、換気計画が立てやすい。また、室内の圧力を常に一定に保つことができる。熱交換型換気扇を使用する場合は第一種換気方式となる。

主寝室やオーディオルームなど、静穏を要求される部屋に効果的である。

第2種換気方式

給気のみを換気機で行い、排気は自然排気とする。強制的に外気を取り入れることで室内の空気を押し出し、室内を正圧に保つことが可能となる。

一般の住宅でこの方式を採用することは少ないが、ボイラー室などの強制的な給気が求められる部屋や、清潔さが求められる部屋に採用される。

第3種換気方式

一般の住宅で最も多く採用される方式である。給気を自然給気（給気口）とし、排気は換気機で行う。第 2 種換気とは逆に、強制的に空気を排出することで室内を負圧とし、外気を給気口などから取り入れる。

トイレや浴室、キッチンなどの局所換気がこれにあたるが、給気口を各部屋にバランスよく配置することで、全般換気に応用することもできる。

特に第 2 種と第 3 種は、住宅の気密性能が低いと給気量と排気量のバランスが崩れてしまうため、計画の際は住宅の気密性能を確保することが前提となる。

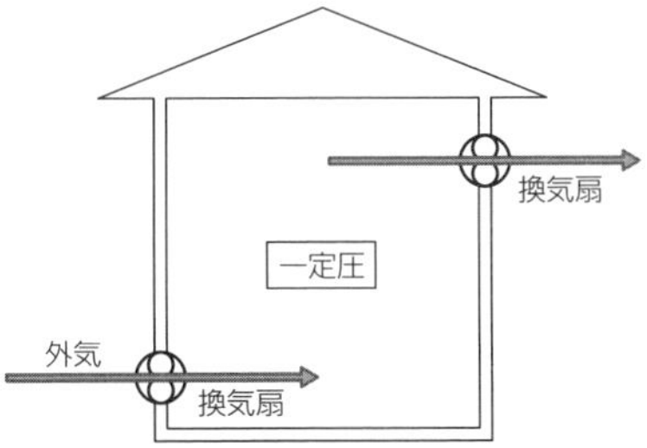

(a)第1種換気

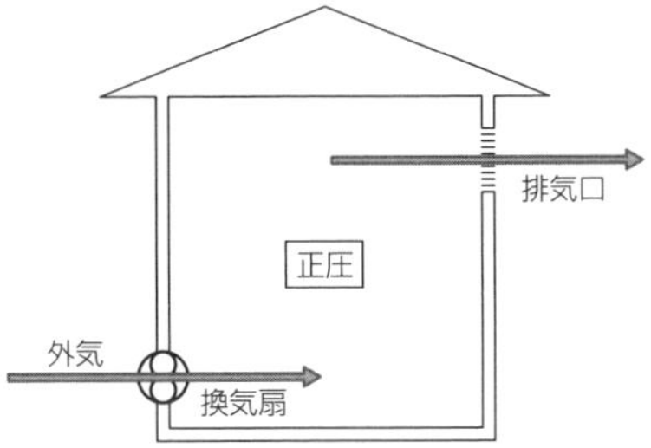

(b)第2種換気

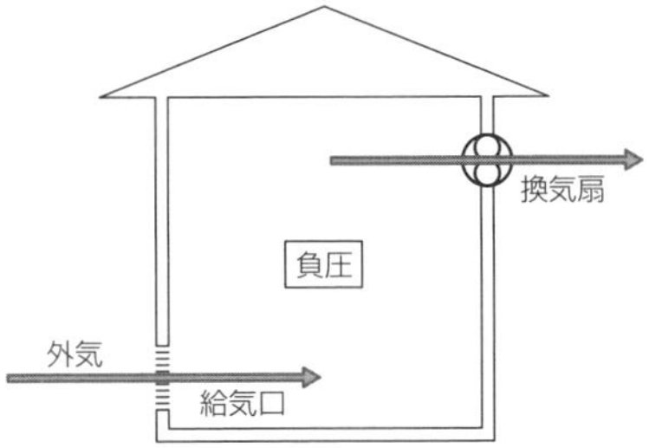

(c)第3種換気

図 3·11　機械換気の種類

3-9 換気計画の手順

第 3 種換気の給気と排気についてもう一度確認

一般住宅で最も多く採用される第 3 種換気の換気計画は、排気用換気扇（排気口）の設置場所を決めるところから始める。

給気口は、排気口からできるだけ離れた位置に設け、ショートサーキット（給気口と排気口が近すぎて、狭い範囲で空気が循環してしまう現象）が起こらないようにする。また、各部屋に給気口を設ける際は、常に人が滞在する位置や家具などでふさがれる位置にならないよう注意する。なお、基本的に取り付け高さの規定はない。

また、給気口からは夏期は 30℃以上、冬期は 10℃以下の外気が入ってくるため、常に人がいる場所の近くに給気口を設けてしまうと、不快で給気口をふさいでしまうことにもなりかねない。換気経路を検討する際は、できるだけ経路を複雑にせず、風上・風下を単純明快にするとよい。

知っておこう。アンダーカットの必要寸法

各箇所の換気を正常に機能させるためには、排気すると同時に必ず、空気の入口（アンダーカット）が必要となる。アンダーカットの大きさが不足しても換気扇は正常に機能しない。

アンダーカットの必要寸法は、「換気風量」と「通過風速」で決まる。たとえば、トイレの扉は、換気扇の風量を $20m^3/h$ 、通過風速 2.0m/s とすると、約 $40cm^2$ 以上のアンダーカットが必要となる。つまり、幅 750mm の扉であれば床から 5mm 程度カットしなければならない。

換気口のサイズと数量を把握しよう

第 3 種換気の場合、給気口の大きさが十分でないと必要な風量が得られず、換気扇の機能が果たされない。通常、給気口の数が多いのは問題ないが、必要換気量に対して給気口の面積が不足すると、建物全体が負圧となってしまい、給気口やサッシの隙間を空気が通り抜けるときに音が鳴ったり、扉の開閉に支障をきたすことがある。

必要となる給気口の寸法は、建物内にある換気扇すべてを回したときの風量をまかなえるだけの空気の供給量を算出の根拠とする。

例として、一般的な住宅では、

・キッチンのレンジフードの風量：400m^3/h

・トイレの換気扇の風量：20m^3/h

・洗面室＋浴室の換気扇の風量：180m^3/h とした場合

この合計風量 600cm^3/h をまかなうための必要寸法は、すべての給気口を足した有効面積が約 560cm^2 以上となる（風速 3.0m/s の場合）。

つまり、一般の住宅では、給気口の必要開口面積は 150mm 径の給気口 3 箇所以上を最低面積とする。

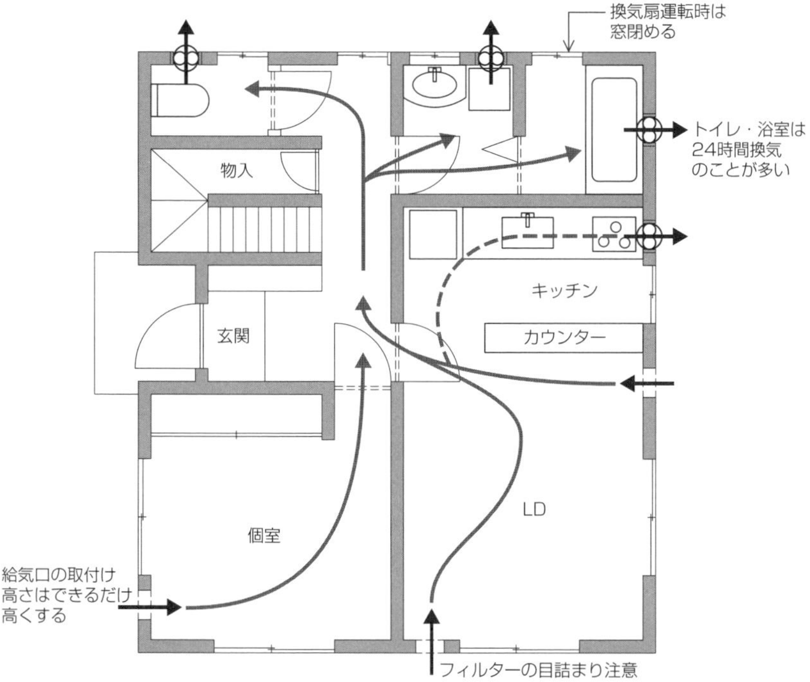

図 3･12　換気経路（局所換気と全般換気を兼ねる例）

3-10 24 時間換気

シックハウス法と換気のルールを把握しよう

「シックハウス法（改正建築基準法）」とは、2003 年7月に施行された建築物にかかわるシックハウス対策の法令である。シックハウス法の施行により、現在は機械換気による 24 時間換気システムの設置が義務付けられた。

一般住宅の居室の場合、機械換気設備により原則 0.5 回 /h 以上の換気回数を確保しなければならない。換気回数とは、換気量（m^3/h）を居室の容積（m^3）で割った値で、1時間に居室全体の空気が外気と入れ替わる回数を表す。

なお、有害物質ホルムアルデヒドを発散する量の多い建材（F☆☆、F☆☆☆）を使用する場合は、換気回数は原則 0.7 回 / h以上と決められている（ただし、現在使われている建材は、ほとんどがF☆☆☆☆や規制対象外のものである）。

シックハウス対策（ホルムアルデヒド対策）

対策 1　内装仕上げの制限：ホルムアルデヒドを発散する建材の面積制限
F☆☆☆の場合、床面積の 2 倍まで。F ☆☆☆☆の場合制限なし。

対策 2　換気設備設置の義務付け：原則全建築物に機械換気設備の設置の義務付け
換気回数 0.5 回 /h の 24 時間換気システムの設置

対策 3　天井裏への制限：天井裏からのホルムアルデヒド流入を防ぐ措置
次のいずれか。

① 建材 F ☆☆☆以上

② 気密層、通気止め

③ 天井裏などを換気

24 時間換気にはどう対応する?

一般的な 24 時間換気への対応方法としては、トイレや浴室・脱衣室など、換気が必要となる箇所に換気扇を配置し、それらを 24 時間換気として運転を行う。その場合に各居室に給気口が必要となり、建物全体での気積の 0.5 回 /h 以上の換気回数をまかなえるように考える。つまり、第 3 種換気にて対応を行うこととする。

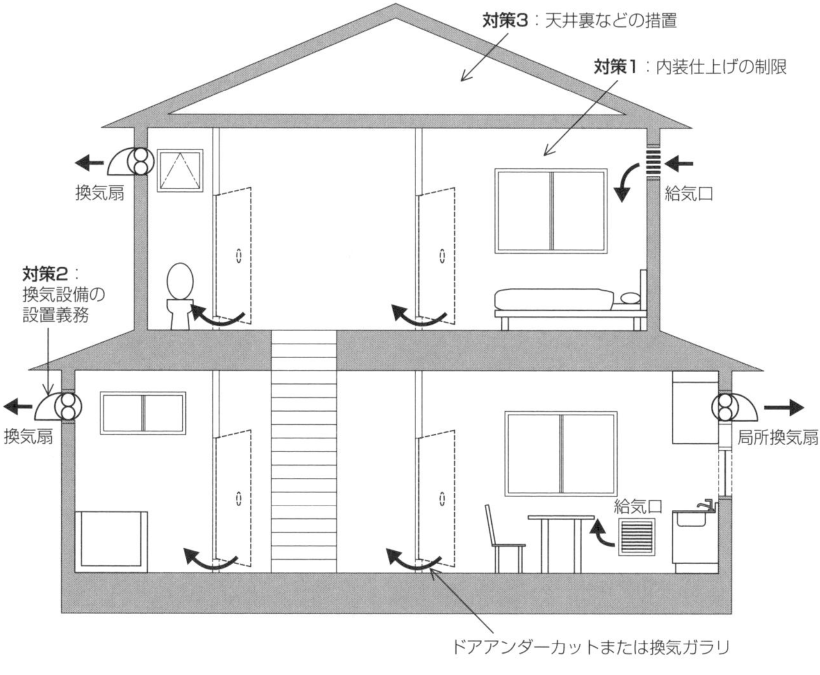

図 3·13　3 つのシックハウス対策

3-11 水まわりの換気計画

キッチンの排気はレンジフードだけでは不十分

キッチンの必要換気量は、建築基準法施行令第 20 条の 3 第 2 項「火気使用室の換気量基準」により最低基準が定められている。ただし、ここで算出する風量の基準は、開放型燃焼機器（ガスコンロ）を使用した際に室内の酸素濃度を 20.5％以上に保つための必要換気量であり、においや煙、油分を含んだ水蒸気を除去するための換気風量は含まれていない。そのため、この基準だけで換気扇（レンジフードファン）を選んだ場合は、十分に換気されているとはいえないことになる。

そのため、適切なレンジフードファンの寸法と、能力に余裕のある機種の選定が大切になる。近年普及している IH クッキングヒータは、酸素濃度の基準上は問題がないため、換気量が少なくてもよい、あるいは換気扇が不要であるといわれることもあるが、コンロの換気は十分に満たされていないので、やはり換気機器は設けたほうがよい。電化厨房の必要換気量としては、ミニキッチン用（1 口、2 口コンロ）では $200m^2/h$ 以上、一般家庭用（3 口コンロ）では $300m^2/h$ 以上を目安とする。

また、レンジフードファンには捕集効率というものがある。一般的なレンジフードファンの捕集効率は 60％程度なので、それ以外の約 40％の汚染空気は漏れるか、ほかの部屋に漂っていくことになるため、換気計画は建物全体として考えていく必要がある。

浴室は湿気排出。トイレは負圧を考慮する

浴室から発生した湿気（水蒸気）は、建物全体の湿度を一瞬で上げてしまう。また、換気が十分でないと、内部に発生するカビの原因にもなる。

一般的な浴室（1～1.5 坪）は、換気扇を運転させてから 3～4 時間で乾燥できる機種を選ぶ。風量は $120m^3/h$ 以上が目安となるだろう。

また、入浴時に換気が必要なときは、強弱運転機能付きの換気扇を選ぶとよい。洗面・脱衣室の換気量は、浴室の半分程度の風量 $60m^3/h$ 以上を確保する。

トイレの必要換気量は、住宅では特に定められていないが、いちばん重要なの

は常にトイレ内を負圧に保つことである。そのためには、20 ～ 30m³/h 程度の小型換気扇を設置して 24 時間換気を心がけるようにする。

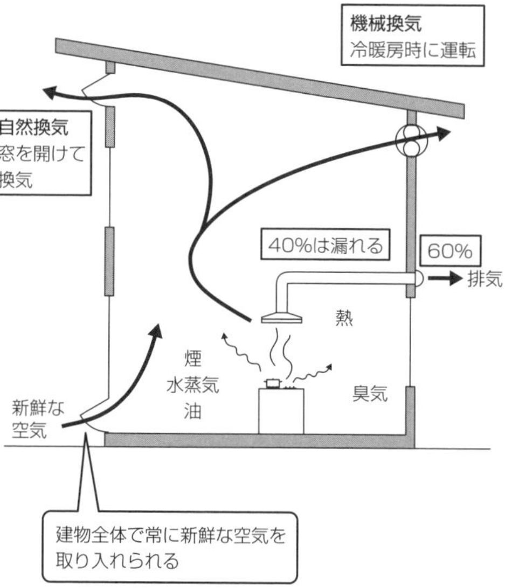

図 3·14　建物全体での換気計画

$V=nKQ$　V：有効換気量
n：捕集のフード形態による係数
（一般レンジフードファンの場合30、一般の換気扇の場合40）
K：理論廃ガス量（0.93）
Q：器具などの燃料消費量

図 3·15　キッチンの換気扇に関する規制 (火を使用する場合)

表 3·5　水まわりの換気に必要な風量

	必要風量〔m^3/h〕	備考
浴室	120	一般的な浴室 (1 ～ 1.5 坪) の場合
洗面・脱衣室	60	浴室換気量の半分程度
トイレ	20 ～ 30	常に負圧に保つ

3-12 換気扇の適材適所

換気扇の種類を覚えよう

■ レンジフードファン

キッチンコンロ上に設けるフードとファンが一体化した換気扇。給気口を兼ねた同時給排気型や、24 時間換気機能付きの製品もある。通常はシステムキッチンに組み込まれていることが多い。

■ 天井埋込型換気扇

天井に埋め込んで設置し、ダクトによって外部に排気する換気扇で、現在の住宅用換気扇の主流となっている。天井に設置されるため、美観を損なわない。運転音も静かで、小風量から大風量まで対応できる。

■ 中間ダクトファン

天井埋込型換気扇と同様、天井に埋め込んで設置し、ダクトによって外部に排気する換気扇。天井の吸込グリルなど、意匠的に非常に気を使う部分などに採用する。点検口の設置が必須となる。

■ パイプ用ファン

トイレや浴室などの小空間で使用する。主にプロペラファンやターボファンが用いられ、トイレや洗面には 100mm 径、浴室など広めの空間には 150mm 径が使用されることが多い。

■ 一般用換気扇

壁に四角形の筐体とプロペラファンを取り付けた換気扇である。引きひも式と電源スイッチ式があり、逆風防止用シャッターの方式によって連動シャッター式、電気シャッター式、風圧シャッター式に分けられる。外部にはウェザーカバーと呼ばれる大型のフードが取り付けられる。

■ 有圧換気扇

強力なプロペラファンを持つ換気扇。一般の住宅では使用しないが、屋内駐車場など、強力な換気が必要な空間に使用する。

■ 全熱交換型換気扇

排気（室内空気）によって逃げる熱エネルギーを回収し、給気（外気）と熱交換することで、換気による室内温度への影響を減らす。

能力をしっかり調べて選ぼう

機種を選ぶ際は、必ずP - Q曲線図を確認し、必要換気風量と、計画した換気経路からの圧力損失を求める。なお、一般的にカタログに記載されている換気風量は、静圧がゼロの風量であることが多いので注意する。

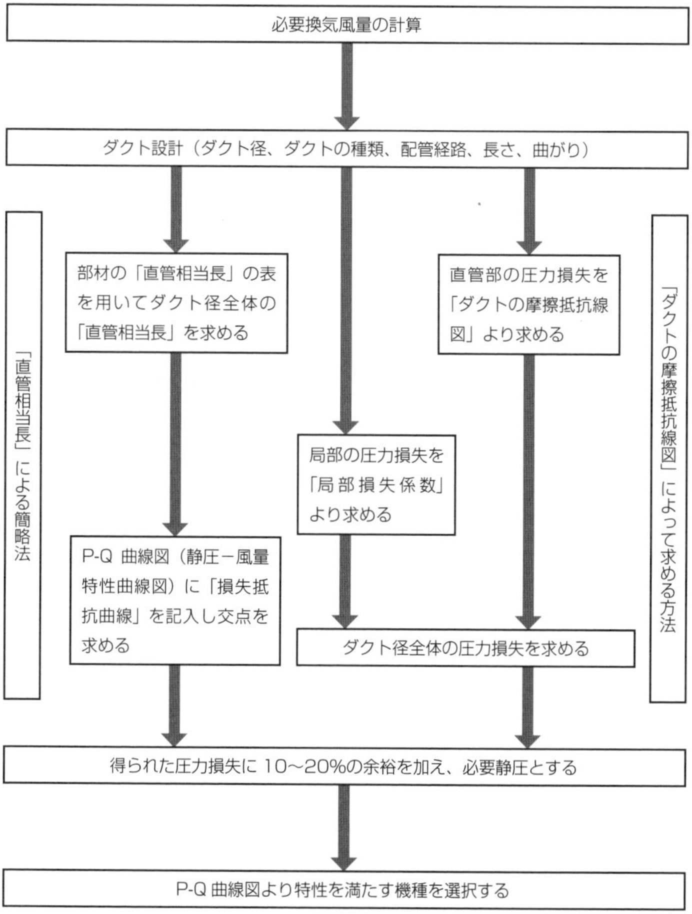

必要換気風量の計算
ダクト設計（ダクト径、ダクトの種類、配管経路、長さ、曲がり）
「直管相当長」による簡略法
部材の「直管相当長」の表を用いてダクト径全体の「直管相当長」を求める
P-Q 曲線図（静圧ー風量特性曲線図）に「損失抵抗曲線」を記入し交点を求める
局部の圧力損失を「局部損失係数」より求める
直管部の圧力損失を「ダクトの摩擦抵抗線図」より求める
「ダクトの摩擦抵抗線図」によって求める方法
ダクト径全体の圧力損失を求める
得られた圧力損失に 10～20%の余裕を加え、必要静圧とする
P-Q 曲線図より特性を満たす機種を選択する

図 3·16　ダクトの圧力損失の計算から機種選定までの手順

山田浩幸『建築設備パーフェクトマニュアル 2013』エクスナレッジ（2012）より流用

3-13 全熱交換型換気扇

全熱交換型換気扇は冷暖房効率を下げません！

24 時間換気によって、常に新鮮な外気を室内に取り込むことが義務付けられたが、それは反対に冷暖房によって適温となった室内空気を外に捨て、新たに外気を冷暖房し直すことになる。この弱点をカバーするのが、全熱交換型換気扇である。これは、排気（室内空気）によって逃げる熱エネルギーを回収し、給気（外気）と熱交換することで、換気による室内温度への影響を減らすものである。

全熱交換型換気システムは、熱エネルギーのほか湿気（に含まれる潜熱）も回収・交換する。熱交換する装置（熱交換素子）は、給気と排気の通路が分けられており、取り入れた空気と室内の汚れた空気が混合しないようになっている。湿気は、水蒸気の分圧差で高圧側から低圧側へ移動するしくみとなる。

この構造により、排気路を通過する暖かい（冷たい）室内空気が、給気路を通る冷たい（暖かい）外気を暖め（冷やし）、同時に互いの湿気を吸収・調節し、外気は適温適湿になって室内に取り入れられる。

また、給気口にはフィルタが配され、外気の埃や花粉などの除去にも有効である。このほか遮音性が高く、外部の騒音のひどい場所などでは騒音防止用としても使用されている。

ただし、フィルタ清掃などのメンテナンスなどにも配慮し、設置場所を決定しなければならない。

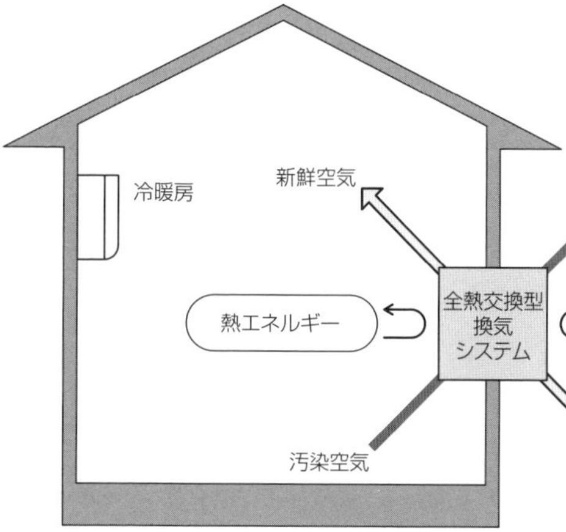

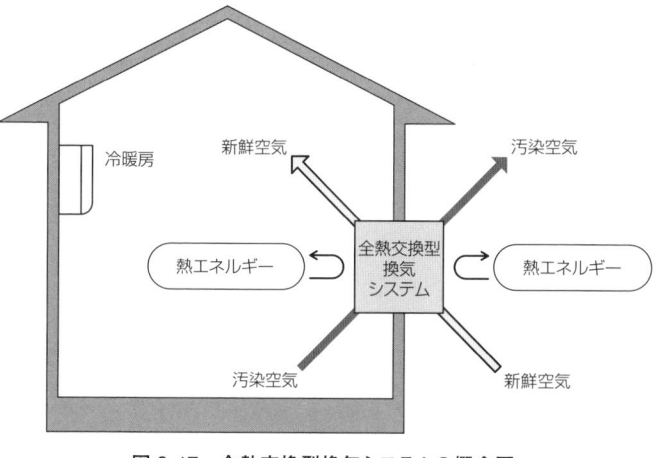

図 3·17　全熱交換型換気システムの概念図

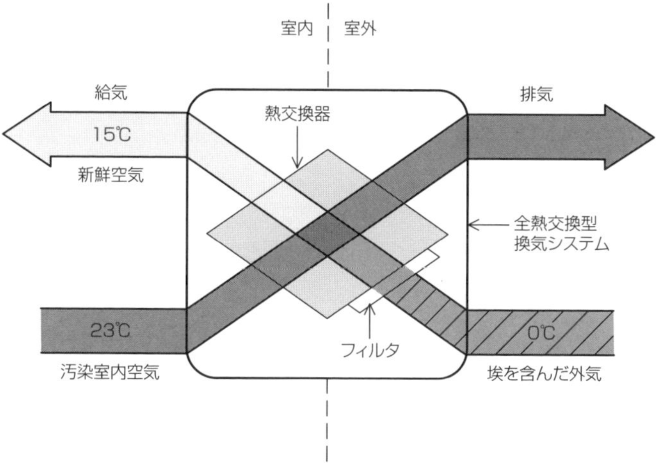

図 3·18　全熱交換型換気システムの熱交換のしくみ

第4章

電気設備の計画

4-1 電気の基本

電気の基本。電流・電圧・電力をおさらい

電流（A：アンペア）

電線の中を流れる電気の量（大きさ）を示すもので、直流（DC）と交流（AC）がある。直流は一定方向に電流が流れ、交流は周期的に方向が変化する。電流が方向を変える度数を周波数（Hz：ヘルツ）という。電力会社から供給される電気は交流で、日本では 2 種類の周波数が使われており、静岡県の富士川から新潟県の糸魚川付近を境に東は電源 50Hz、西は 60Hz となる。

電圧（V：ボルト）

電流を流すための電気の力（圧力）を示すもので、単相 100V、単相 200V、三相 200V の 3 種類がある。

電力（VA：ボルトアンペア / W：ワット）

電流によって単位時間に行われる仕事の量（大きさ）を示すもので、数値が大きいほど使われる電気量が多い。ボルトアンペアは、電圧（V）× 電流（A）で算出され、機器に投入される電気エネルギーを表す。一方、ワットはアンペア、ボルト、ワット力率（電力をどれだけ有効に使用できるかを示す数値）を掛けたもので、実際に消費される電気エネルギーを表す。また、仕事率（単位時間当たりの仕事量）も電力で示され、その単位として、ワット（W）が用いられる。電力の大きさは、電流と電圧の積で表される。

生活に合わせたプランがたくさん。電気契約の種類について知ろう

住宅用の電気器具については、以下の計算式で電流（アンペア）を検討することができる。たとえば消費電力 1,000W、使用電圧 100V の電子レンジの場合、

$$\text{電流 (A)} = \frac{\text{電力 (W)}}{\text{電圧 (V)}} \rightarrow \frac{1{,}000\ \text{(W)}}{100\ \text{(V)}} = 10\text{A}$$

となる。

電気の契約方式は、電気の使用量に応じて料金を支払う「従量電灯方式」が一般的である。従量電灯 B 契約は、一般にアンペア契約といわれ、契約アンペ

アが 10 ～ 60 Aの範囲で、一般の住宅に多い契約方式である。これに対して従量電灯C契約は、6kVA 以上（60A 以上）の場合の契約で、電気容量の大きい設備機器を多数導入している住宅の契約に多い。契約容量の単位は A ではなく VA を使うが、これは 10A＝1kVA（1,000VA）と覚えておく。

従量電灯のほかにも、夜間蓄熱式機器を使用している住宅向きの「時間帯別電灯」、季節や時間帯によって電力量料金単価が異なる「季節別時間帯別電灯」などがあり、夜間の割安な電気を使うオール電化住宅に向いている契約方式もある。また、ライフスタイルに応じて選べるプランもある（東京電力）。

http://www.tepco.co.jp/e-rates/individual/menu/home/index-j.html

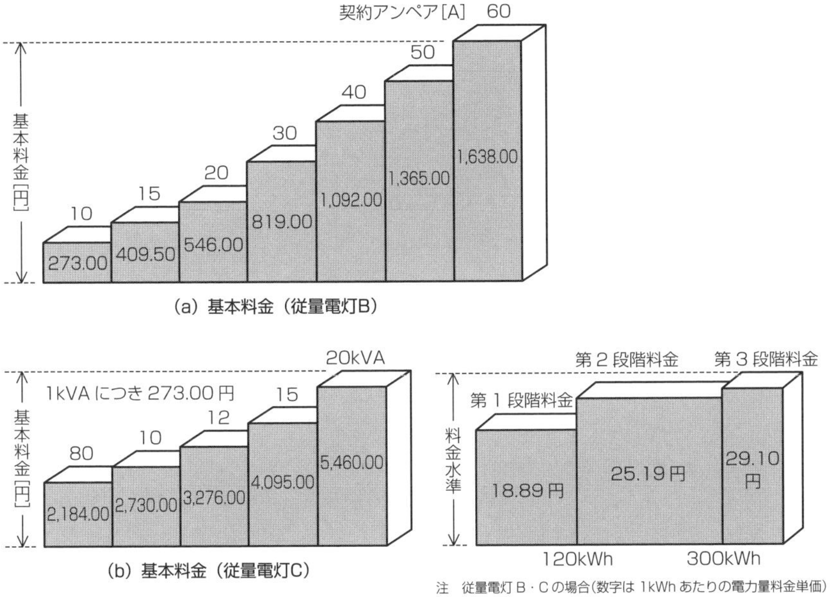

注 従量電灯 B・C の場合（数字は 1kWh あたりの電力量料金単価）

(a) 基本料金（従量電灯B）

(b) 基本料金（従量電灯C）

(C) 電力量料金

図 4·1 電気料金（2013 年 8 月現在、東京電力の場合）

4-2 電気の引込み方法

住宅の電気の引込みは低圧引込みが基本です

電気設備には、照明やコンセントなどエネルギーとしての電気を示す「電力（強電）」と、電話やテレビ、光ケーブルなどの通信設備である「弱電（通信）」がある。電力の引込み方式には、低圧引込みと高圧引込みがあり、契約容量が50kVA未満は低圧、50kVA以上は高圧となる。一般の住宅では、基本的に低圧引込みとなる。

低圧引込みは、電柱の上にある変圧器（トランス）で電圧を下げてから敷地内に引き込み、電力量計（メータ）と引込開閉器盤を介して住戸内に導く。2世帯住宅の場合などは、引込開閉器盤から各住戸に系統が分けられる。

引込み方法には、建物に直接受けて引込みを行う建物直受け方式（架空引込み）と、敷地境界付近に引込み用の柱を立てて引込みを行う引込柱方式（地中引込み）の2種類があり、どちらも選択が可能である。近年は弱電（通信）設備だけでも多様な設備の引込みが想定されるため、建物に引き込まれる可能性のある配線数も多くなっている。

なお、大規模の住宅で契約容量が25kVA以上となる場合は、一般の電力量計では電気代が計れないため、計器用変流器（CT）を設ける必要がある。

また、引込開閉器盤は、引込み位置（受電位置）から分電盤までの配線長さが8m以下の場合は不要としてもよい。

電気の配電方式を覚えよう

建物に引き込んだ電気をさらに各電気製品へ配るための配電方式には、単相3線式200V/100Vと、三相3線式200V（動力）がある。一般の住宅では単相3線式が主流で、100Vは照明やコンセント、200Vは主にエアコンやIHクッキングヒータ、食洗機などに使用される。単相3線式は、2本の電圧線と1本の中性線を使い分ける方式で、100Vと200Vの両方の電圧を利用できる。

また、回路を多くつくって、将来的に契約アンペアを大きくすることも可能である。100Vと200Vの選択が可能な家電機器を使用する場合は、200Vを選択すると効率的である。

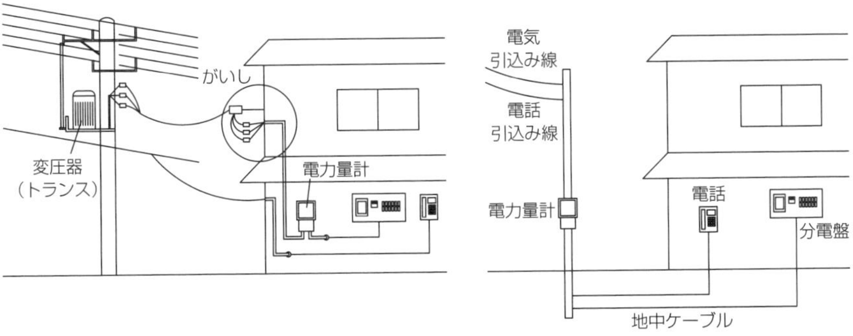

(a) 建物直受け方式（架空引込み）　　(b) 引込柱方式（地中引込み）

図 4·2　低圧引込み

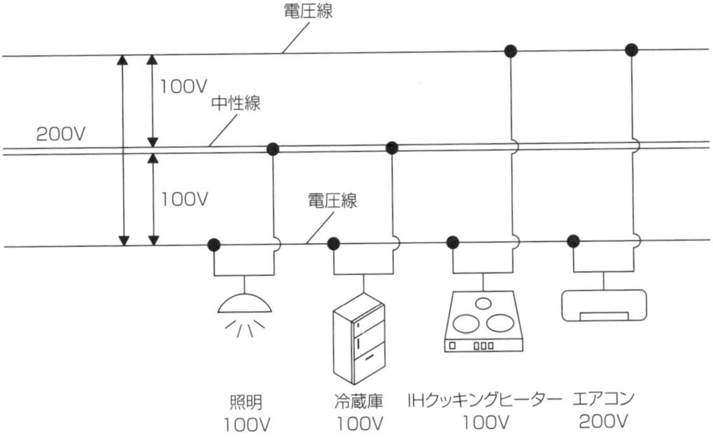

図 4·3　単相 3 線式の配電方式

4-3 分電盤の構成と回路の分け方

分電盤の役割をもう一度確認

一般住宅の分電盤には、従量電灯Ｂ契約の場合、アンペアブレーカ（電流制限器）、漏電遮断器（漏電ブレーカ）、配線用遮断器（回路ブレーカ）が納められている。

アンペアブレーカは電力会社の所有物で、契約しているアンペアを超える電流が流れると自動的にスイッチが切れる。漏電遮断器は、万一漏電したとき、感電による事故や漏電火災を防ぐために自動的に電気が切れる安全装置で、単相３線式では、中性線欠相保護機能付きのものが取り付けられている。配線用遮断器は、各部屋のコンセントや家電機器ごとに回路を分けるためのブレーカで、異常があった場合は自動的に切れるようになっている。過剰な負荷容量がかかり、電流が大きくなった場合は、この遮断器の１つが作動して、特定の回路だけ電気を止めるしくみとなっている。

回路の分け方にもコツがあります

分電盤から各部屋へ電気を流す配線系統のことを回路という。通常は１部屋に１回路、もしくは複数の部屋で１回路、照明用回路などに分けられる。古い住宅は回路数が少なく、複数の部屋で１回路を共有しているケースも多い。そのため、負荷が集中した回路はブレーカが落ちやすい。一般に、すぐにブレーカが落ちて困るというケースは、この状態に陥っていることが多い。

１回路で同時に使える電気は12 ～15A程度が目安である。通常、配線用遮断器は20A定格のブレーカが用いられるが、これは定格の80％程度に負荷を抑えているためである。また、エアコンや食洗機、電子レンジなどは１つの機器だけで消費電力が1,000Wを超えるため、１つの回路で同時に２つの機器を使うことができない。そのため、特に電気機器が集中するキッチンは、電子レンジ専用に回路を１つ（単独回路）、そのほかの用途に１回路といった具合に複数の回路を設けるほうがよい。それ以外の電気容量がそれほど大きくない家電(テレビ、パソコン、スタンド型照明など）の使用が想定されるコンセントは、５～７箇所程度で１回路とする。

200V回路は、基本的にはそれぞれに専用回路が必要なので、IHクッキングヒータやエアコンなど200Vの機器を導入する場合は、それぞれで1回路を使う。

回路数は部屋数や家族構成に応じて余裕をもたせて決定し、それ以外にも予備回路を2～3回路用意しておくとよいだろう。

表4·1　分電盤の回路数の目安

住宅面積〔m^2〕	一般回路			専用回路	合計
	コンセント回路		照明回路		
	キッチン	キッチン以外			
50(15坪)以下	2	2	1	a	5+a
70(20坪)以下	2	3	2	a	7+a
100(30坪)以下	2	4	2	a	8+a
130(40坪)以下	2	5	3	a	10+a
170(50坪)以下	2	7	4	a	13+a

例

分岐回路数　分岐容量(A)　需要率　定数　主幹容量（アンペアブレーカ）

10 とした場合 × 13.3 × 需要率 × 0.5 ⇨ 26.6 ⇩ 30Aとする

需要率:
- 0.3　一般的な家庭
- 0.4　やや多くの電気を使用する家庭
- 0.5　将来、多くの電気を使用する予定の家庭

図4·4　主幹容量（アンペアブレーカ）の決め方

4-4 住戸分電盤の設置

住戸分電盤設置に必要なスペースはどのくらい?

住戸分電盤の設置場所は、水気や湿気が少ない乾燥した場所、ブレーカを操作しやすい 1,800mm 以下の高さが望ましい。一般に、玄関付近の収納や納戸内などに設置することが多いが、万一の停電時に操作しやすい場所を選ぶ。分電盤のサイズは高さ 325mm が目安で、幅は回路数によって変わる。

住戸分電盤を収納棚などに組み込み、外部から目立たなくする場合でも、上下、左右、前面に 100mm 程度の施工スペースは確保するようにする。前面カバー付きの分電盤は、カバーを開いたときに収納物と干渉しないように納めておく必要がある。分電盤の前面が収納物などでふさがれ、ブレーカ操作の妨げにならないようにするためには、取り付け位置の奥行きを浅くし、分電盤の前に物を収納できないようにしておくとよい。

また、分電盤の背面にはケーブルや配管が集中する。配線スペースは奥行き 200mm 以上を見込んでおき、配管や裏ボックスによって躯体が構造欠損しないように注意する。

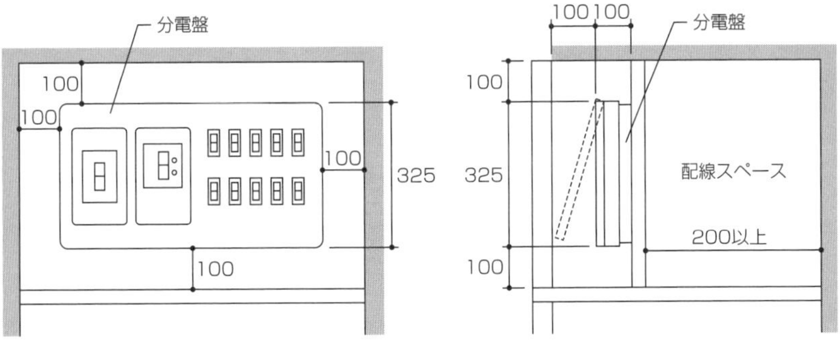

(a) 正面　　(b) 立断面

図 4·5　設置スペース（単位：mm）

表 4·2　分電盤の回路数と幅寸法の目安

回路数	幅寸法〔mm〕
6 以下	416
7 ～ 10	450
11 ～ 16	484
17 ～ 20	518
21 ～ 24	552

4-5 コンセントの計画

コンセントの必要数はどう決める?

分電盤から分岐した電気は、各部屋のコンセントへ供給される。一般用コンセントは5～7個で1回路が目安で、1回路で同時使用できる容量は1,200～1,500W程度である。

ただし、エアコン、洗濯乾燥機、食洗機、キッチン、洗面所まわりのコンセントなどは、各機器の消費電力が1,000W以上になることが多いので、コンセント1個で1回路（専用回路・単独回路）とする。

計画時のポイントは、コンセントの用途をできるだけ具体的に確認することである。基本的には、消費電力が大きい家電製品を使用するコンセントはすべて専用回路とする。キッチン、洗面脱衣室には暖房器具を設置する可能性があるため、予備の専用コンセントを1箇所設けておくとよい。コンセントの数は、居室には2畳当たり2口以上が1箇所、廊下には5m程度ごとに1箇所を目安に設置する。各部屋の用途、広さ、使用器具をできるだけ具体的に調べ、将来の機器増も見越して決定しておくと、竣工後の不備も少ない。

接地付きコンセントが必要な箇所はどこだろう?

2005年に改訂された内線規程により、住宅用の配線器具については接地付き（アース付き）コンセントの敷設が強化された。この取組みにより、洗濯乾燥機、電子レンジ、冷蔵庫、食洗機、テレビ、パソコンなど、多くの家電製品のコンセントの形状は接地付きコンセントとなった。そのため、今後家電機器用のコンセントを予定している場所は、接地付きコンセントまたはアースターミナル付き接地コンセントを採用しておく必要がある。

表 4·3　コンセント設置数の目安

回路容量	キッチン	ダイニング	居室・リビング				トイレ	玄関	洗面室	廊下
			7.5～10m² (4.5～6畳)	10～13m² (6～8畳)	13～17m² (8～10畳)	17～20m² (10～13畳)				
100V	2	2	2	3	4	2	1	1	2	1
200V	1	1	1	1	1	1	－	－	1	－

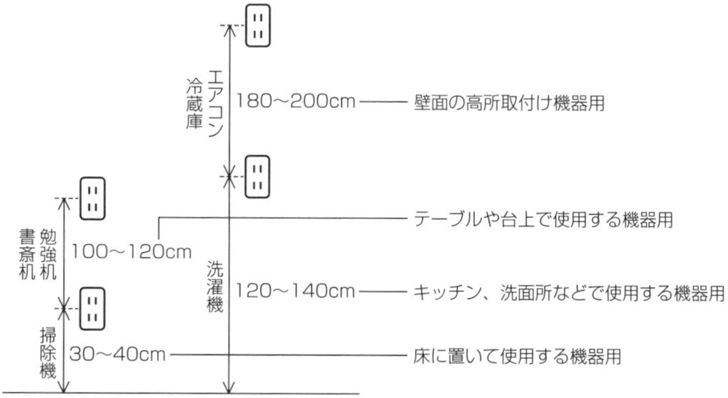

図 4·6　コンセント設置高さの目安

4-6 スイッチの計画

スイッチの設置についてのクレームは特に多い項目です

住み始めてからの不満のなかで特に多いものは、コンセントの位置に関する項目だ。毎日頻繁に使用するものなので、無計画に配置すると使いにくく、ストレスの原因になってしまう。計画時には、設置場所だけでなく種類や機能などを十分に検討しておきたい。

スイッチの取付け位置のポイントを再確認

① 標準的な取付け高さは、床面から1,200mm(芯)とし、使いやすい高さとする。
② 分散設置せずに室の主となる出入口扉横にできるだけまとめて設ける。
③ 扉の陰にならないようにする。
④ 日常の動線に沿ってわかりやすい箇所に配置する。
⑤ 常時、室内に人がいて必要に応じてオン/オフさせる場合はスイッチを室内側に設け、トイレ、洗面脱衣室など、普段人がいない室は室外側に設ける。
⑥ 納戸、クロゼットや倉庫など、めったに使用しない室のスイッチは室外側に設け、消し忘れ防止のためパイロット付とする。
⑦ 玄関、階段や廊下のスイッチはホタルスイッチまたは人感スイッチとする。
⑧ 3路スイッチは操作が複雑となるため必要最小限で採用する。

照明スイッチの種類と選び方

スイッチには主に以下のような種類があるが、建て主のライフスタイルや年齢などに合わせ、適切な計画を行うようにしたい。

■ 手動スイッチ

機能と使いやすさで選ぶ。一般的な手動スイッチには、オフにするとランプが点灯し、暗闇でもスイッチ位置がわかる通称「ホタルスイッチ」、逆に点灯時にランプが点滅する「パイロットスイッチ」などがある。パイロットスイッチは、換気扇などのスイッチとして使用する。このほかにも、万一の事故に備えた引きひも式の「プルスイッチ付き押しボタンスイッチ」や、お年寄りの枕元に置くとよい「にぎり押しボタンスイッチ」は、万一のとき家族に連絡を取りやすい。また、照明を好みの明るさに調整できる「調光スイッチ」には、ダイヤル式やスライド式、取り外し可能なリモコン式などがあるので、好みのものから選ぶことができる。

■ 遅れスイッチ

オフ状態にしても数十秒～数分はスイッチ内部機構がオン状態を継続するスイッチ。玄関の照明やトイレの換気扇などに使用するとよい。

■ タイマースイッチ

スイッチを入れると設定した時間オン状態を継続し、設定時間を経過すると自動でオフになるスイッチ。浴室の換気用などで使用するとよい。消し忘れ防止だけでなく、省エネに有効である。

■ センサスイッチ

スイッチを手動で操作することなく、人や周囲の明るさを感知して自動点灯、消灯するスイッチ。自動でオン / オフを行うため、暗闇でスイッチを探す必要がない。周囲の明るさを感知する自動点滅器は、庭園灯や街灯に使用する。植栽や建物の影響で、点灯にばらつきが発生するので取付け場所に注意する。人感センサスイッチは、人がいない間は消灯できるため省エネルギーであるとともに、防犯効果もある。

表 4·4 スイッチの種類

種類		用途	機能
タイマー付き	遅れ消灯付き	玄関・寝室・窓のないトイレ	5分後に消灯。消し忘れを防止する。トイレ用は換気扇と連動させ、同時にオン。スイッチオフ時は換気扇のみ遅れて停止
明かり付き	ホーム保安灯	廊下（人感センサー付き）寝室（明るさセンサー付き）	人感センサー付きは人の動きでオン / オフ、明るさセンサー付きは、暗くなるとオン、明るくなるとオフ、停電時は自動で点灯
	明かり付きスイッチ	トイレ・廊下・階段	暗いところでも目立つ明かり付きスイッチ。照明をつけなくても短時間であれば移動可能
自動点滅	時間設定調光スイッチ（白熱灯用）	廊下	設定した時間帯で、調光して点灯・遅れ消灯する機能付き。調光して使用すると消費電力を削減できるだけでなく、ランプの寿命も延びる。
	照度センサー付き人感スイッチ	廊下・クロゼット・外玄関（屋外用）	人の動きでオン / オフ。照度センサー付きなので、明るいところではオフ。壁付と天井埋込用がある。
手動スイッチ	タッチワイドスイッチ	各部屋	押しやすく、操作が簡単
	3路 4路スイッチ	廊下・リビング	2カ所または3か所で点滅操作が可能
	調光スイッチ	リビング・寝室・トイレ・浴室	白熱灯用の場合はランプの寿命が延びる。蛍光灯は、調光用器具の場合に適用可能。トイレで使用する場合は、深夜利用の際の覚醒を阻止できる。浴室で外の景色を見たい場合にも使用できる。
リモコンスイッチ	点滅・調光リモコン	リビング・ダイニング・寝室	座ったまま、寝たままで点滅・調光操作が可能
	シーン記憶調光器	リビング・ダイニング	行為に応じて明るさと照明器具を組み合わせ、生活シーンを演出

4-7 スイッチ・コンセントプレートの種類

スイッチプレートは、金属、樹脂製のカバーで、安全性や意匠性の向上を図るもの。住宅用として、樹脂製で落ち着いた色合いの「モダンプレート」が広く使用されている。以下、主なスイッチプレートの種類と特徴を記す。

■ フルカラーモダンプレート

プラスチック製の無地スイッチプレートであり、住宅や事務所などで一般的に広く使われているプレート。表面が樹脂製のため、比較的乱暴な使い方をするとキズや割れがおこりやすい。

■ ワイドプレート

主に住宅用スイッチプレートとして普及しており、従来のフルカラーモダンプレート器具よりも操作面積が大きく、プッシュオン・プッシュオフ機構により操作が容易となっている。表面積は従来の片切スイッチの７倍も大きいため、指ではなく肘や手の甲などで操作することもでき、子どもや高齢者のスイッチ操作にも適している。

■ 新金属プレート

使い方が乱暴になるおそれがある場所や、頻繁なコンセントの抜き差しが考えられる場所には強度が高い金属製のスイッチプレートを採用するとよい。

新金属プレートには、表面にネジが見える１種スイッチプレートと、ネジを内側に収納した２種スイッチプレートがある。ネジを内側に収容した製品は意匠上すっきりとした見栄えになるが、ネジの取り外しに時間を要す。また、フルカラープレートとワイドプレートの選択が可能である。

■ 特殊プレート

陶器、木、真鍮、大理石、ステンレスなどを使用した特殊プレートは意匠性に特に優れているが、１枚当たり数千～数万円と単価が高い。海外製品のものを使用する場合には、裏ボックスのサイズと合わない場合があるので、電気施工業者とのすり合わせが必要となる。

■ 家具用プレート

本来家具に取り付けるコンセントとして利用されている器具だが、取り付け場所が狭く標準プレートの設置ができない場所に使用するとよい。

番外編：スマートハウスについてちょこっと説明

スマートハウスとは、センサーやIT（情報技術）を使用し、家庭内のエネルギー消費を最適に制御された住宅のことをいう。太陽光発電システム（PV）や家庭用燃料電池（エネファーム）などの創エネ機器、蓄電池などの蓄エネ機器、また、家電や住宅機器などを総合的にコントロールし、最適なホームエネルギーマネジメントを行うことで、CO_2排出の削減を実現する省エネ住宅である。また、蓄エネ機器として、電気自動車（EV）やプラグインハイブリッド車（PHV）などへ充電し、エネルギー連係を効率的に使う方法も各社で開発されている。

このようなスマートハウスの中心技術となるのが、ホームエネルギーマネジメントシステム（HEMS）である。住宅内のエネルギー機器や家電などをネットワーク化し、エネルギー使用の表示と管理・最適化を行う。具体的には、住宅内でエネルギーがいつ、何に使われているのかを表示し、エアコンや照明などの機器を一括してコントロールし、自動的にエネルギー使用量を制御する。また、住宅内のエネルギー消費機器をネットワークで接続し、各機器の稼働状況やエネルギー消費状況の監視、スマートフォンなどからの遠隔操作や自動制御などを可能とするシステムである。

4-8 照明計画

日常使う一般的な照明器具の光源には、白熱灯･蛍光灯･LED の 3 種類がある。光源についてもう一度おさらいしよう。

白熱灯、蛍光灯、LED の特徴を把握しよう

白熱灯

白熱灯は、赤みを帯びた柔らかく温かみのある光色で、自然光での見え方に近い。ただし、消費電力が多いため、白熱灯の利用は縮小傾向にある。

蛍光灯

蛍光灯は、色温度によって昼光色（青白い光色）、昼白色（白っぽい光色）、電球色（やや赤みを帯びた光色）などの種類がある。広い範囲を明るく均一に照らすことができ、電球の寿命が長く、消費電力も少ない。白熱灯の製造中止に伴い、今後は従来の電球ソケットに使える電球型を含め、蛍光灯の普及が一段と進むと考えられる。

LED

LED 照明はイニシャルコストが高価だが、従来の白熱灯と比べて消費電力が約 1/12 と大幅に削減できる。また、長寿命で取り替えの手間が少ないことも魅力である。従来の器具向けに E26、E17 の口金タイプがあるほか、点や線、面など多彩な形状があり、建材に埋め込むこともできる。ただし、発光部が小さく、まぶしいため、計画時には光の見え方に注意する。

生活に必要な照明器具の明るさは、蛍光灯で1畳当たり約 10 ～ 15W、白熱灯で1畳当たり約 30 ～ 40W が目安となる。ただし、このワット数は光源の消費電力を表したもので、実際の明るさとは異なる。蛍光灯は、少ない消費電力で白熱灯と同じ明るさを得られるため、省エネにも有効である。

LED 選定の注意点って何？

LED 電球を選定する注意点としては、ダウンライトなどの断熱材施工器具に使用する場合は「断熱材施工器具対応」と書かれたLED 電球を選ぶ。一般的なLED 電球をはめてしまうと断熱材がLED 電球の放熱の邪魔をするため、放熱がうまくいかず効率の低下を招く結果となる。また、照明器具がカバーで覆われている「密閉型器具」の場合も、同様に放熱の問題があるため「密閉型器具対応」製品を採用する。また、調光器具に使用する場合には、必ず調光器具対応品を使用する。

表 4·5 蛍光灯、白熱灯、LED のワット数比較

蛍光灯	白熱灯	LED
9W	40W 相当	7W
13W	60W 相当	9W
18W	80W 相当	-
27W	100W 相当	-

4-9 主照明・補助照明・仕上材の関係

間接照明は演出方法が大切

一般に住宅の照明は、天井に主照明1灯だけ取り付けることが多いが、単一の光は、単調で多少貧相な印象になるため、最近では全体を明るくする主照明と、部屋の雰囲気を演出する補助照明（スタンドライト、スポットライト、ブラケット照明など）や間接照明を組み合わせる多光分散方式が増えている。

スイッチによる調光やシーン記憶調光器によって、照明の明るさを変化させる演出方法もある。照明による見た目の明るさは、ランプの明るさによって決まるのではなく、光を反射する床、壁、天井の仕上材の色や質感に影響される。特に白色系の仕上げは反射率が高いので、明るさを重視する場合には適している。間接照明を計画する際は、最初に空間をどのように見せたいかを考える必要がある。

通常、吹抜けや勾配天井など、空間に広がりがある場合は、天井を間接照明で明るくすると開放感が得られる。反対に天井が低い場合は、天井面の低さを強調するうえに圧迫感をもたらし逆効果となるので注意。

間接照明の手法は主に3つある

■ コーブ照明

天井面へ光を照射する間接照明の一種。壁面の両側または片側より天井全体を照明し、天井面に柔らかな光を拡散させることができる。上部からの視線を考慮する場合は、光源にカバーを設置する。細長い空間、特に廊下などに効果的に用いることができる。コーブ照明は、床面に高い照度を確保することは望めないので、埋込ダウンライトなどと併用するとより照明効果が高まる。

■ バランス照明

天井、壁面、カーテンなどを照射する間接照明の一種。窓の上などに取り付け、上下両方を照らす。

■ コーニス照明

壁を照射する間接照明の一種。壁面の上部から下部へ光を照射させる。下からランプが見えやすい場合は、透光性のある素材で目隠しするとよい。光源が直接見えないよう、遮光板はランプの高さと合わせる。内側に光板を取り付けると、さらに明るさが得られる。

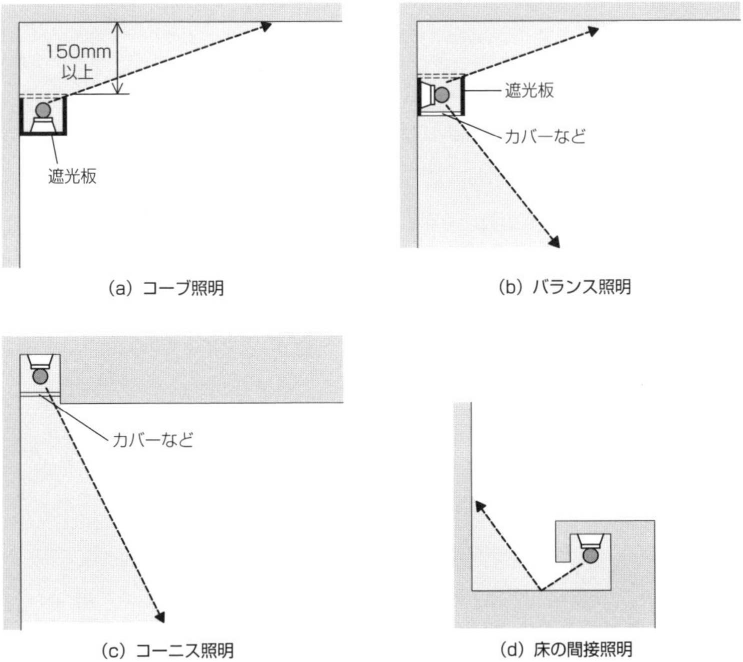

(a) コーブ照明

(b) バランス照明

(c) コーニス照明
(d) 床の間接照明

図 4·7　間接照明

4-10 照明器具の選び方

リビング・ダイニングの照明器具選定のポイントは？

リビング、ダイニングなどに対応する室には、複数の照明を組み合わせてさまざまなシーンを演出することができる「一室複数灯」とするとよい。必要な照明器具だけを点灯することで、演出性とともに省エネにもつながる。

全体照明のシーリングライトに加え、ダウンライト、スポットライト、壁付ブラケット、フロアスタンドなどで室のさまざまなシーンの切り替えを可能にする。ダイニングテーブルにはペンダントなどを設け、テーブルを中心に明かりをまとめるとよい。また、天井の傾斜角度によっては取り付けできない器具もあるので、傾斜天井に取り付けできる器具を選択する。

キッチンの照明器具選定のポイントは？

キッチンはベースライトで空間全体を明るくした上で、手元の明るさも考慮する。オープンキッチンの場合は、できるだけリビング・ダイニング側に光が漏れ、雰囲気を壊さないように配慮する。

廊下、階段、吹抜けの照明器具選定のポイントは？

廊下、階段などの移動スペースは、足元が暗いと、転倒事故につながるため、足元まではっきり見える明るさが必要。特に階段の下り部分では、安全性を考え照度を上げて階段面がはっきりと認識できるようする。また、階段上部に器具を設置するとランプ交換の作業が危険となるので避ける。廊下はフットライトを採用したり、人が通るときだけ点灯する人感センサ付きの照明器具の採用も有効である。

吹抜け部の器具は、ランプ交換などを考えて、できるだけメンテナンスしやすい高さに取り付ける。ランプ寿命の長い LED 照明も有効である。

玄関の照明器具選定のポイントは？

照明器具は隅ではなく人の顔がはっきりと見やすい場所に取り付ける。人を感知して自動的に点灯する人感センサ付きの照明器具の採用も有効である。

浴室・脱衣室の照明器具選定のポイントは？

照明器具は、湿気に強い「防湿型」または「防雨型」を選ぶ。また、滑りやすく転倒事故が起こりやすいので、足元まで明るくする。洗面台の照明器具は、全体を明るく照らすベースライトと顔を照らすミラーライトの組み合わせにより明るさを確保する。

トイレの照明器具選定のポイントは？

照明がすぐに点灯して欲しいトイレには、LED照明を採用するとよい（蛍光灯は点灯・消灯の回数が多いとランプ寿命が短くなる）。消し忘れ防止に人感センサ付きの照明器具の採用も有効である。

外まわりの照明器具選定のポイントは？

外まわりの照明器具は、毎日スイッチにてオン/オフさせると、付け忘れや消し忘れなどが起こってしまうため、明るさを感知して自動でオン/オフする明るさセンサ付の器具を選定する。また、外部照明には防犯という重要な役割もあるため、ベランダやバルコニー、ガレージなど、外から見通しの悪い箇所には人を感知して自動点灯・消灯するセンサ付きの器具を配置するとよい。

4-11 テレビの受信方法

地上波・衛星・ケーブルの違い、正確にわかりますか？

現在、テレビ放送を見るには、地上の電波塔からの地上波をアンテナで受けて見る方法（地上波）、放送局から衛星を介して衛星放送用アンテナで見る方法（衛星放送）、建物にTVケーブルを引き込んで見る方法（ケーブルテレビ）、同様に光ケーブルを引き込んで見る方法などが主なものである。

地上波は、UHFアンテナを立てて受信する。衛星放送にはBS、110°CS、CSがあり、アンテナは衛星の方向へ向けて設置する。BSと110°CSのアンテナは共有できるが、CSは受信方向が違うため単独のアンテナが必要となる。

地上デジタル放送の受信方法を把握しよう

戸建住宅で地上デジタル放送を受信するには、UHFアンテナと地上デジタル・BSデジタル放送対応テレビ、またはアナログテレビに地上デジタルチューナー内蔵録画機器が必要となる。

屋根などにUHFアンテナ（地上デジタル放送用）およびBS/110°CSアンテナ（BS/110°CSデジタル放送用）を設置し、TVブースタと分配器を介し、必要な各室に配線を行い、受信する。

また、ケーブルテレビでも地上デジタル放送を見ることは可能である。そのためには、ケーブルテレビ専用の受信機が必要となるため、導入にあたっては、管轄のケーブルテレビ局に問い合わせるとよい。

オンデマンド放送を簡単に説明します

視聴者からの要求に合わせて番組を配信するシステムをオンデマンド配信、またはオンデマンド放送という。視聴者がサービス提供会社のサーバに蓄積されているデータにアクセスして見たい番組を指定すると、インターネットなどの回線を利用してデータ配信（ストリーミング配信）され、有料で視聴が可能となる。

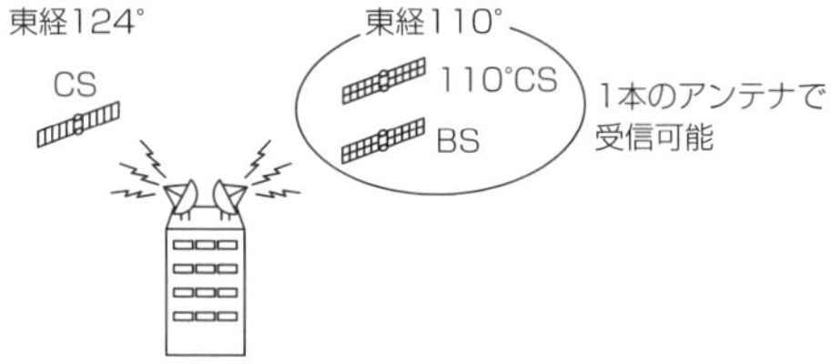

図 4·8　アンテナ設置の方向

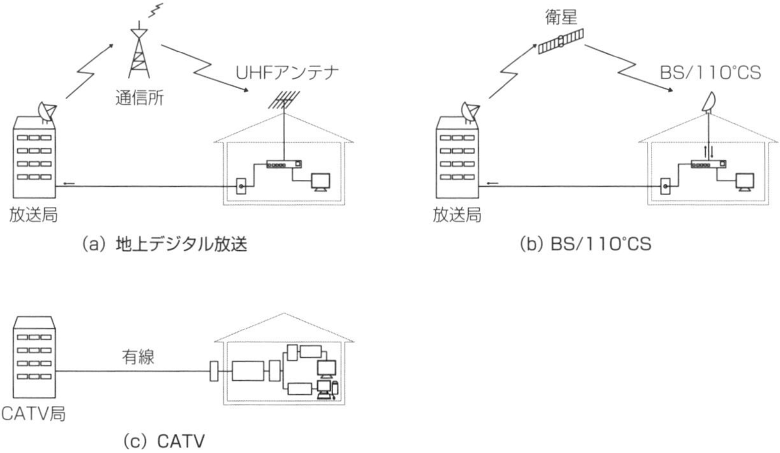

図 4·9　受信のしくみ

表 4·6　テレビ共聴の種別

種別		概要
地上波	VHF、UHF	2011 年 7 月 24 日に一部地域を除きデジタル放送に完全移行
衛星放送	BS	NHKBS1、NHKBS プレミアム、BS 日テレ、BS 朝日 1、BS-TBS、BS フジ・181、BS ジャパンなど
	100° CS	スカパー！
	CS	スカパー！プレミアムサービス
有線放送	CATV	各地の CATV 会社
	光ケーブル	ひかり TV など

4-12 弱電盤と LAN 設備

弱電盤の設置で注意することとは？

弱電盤は近年では情報分電盤とも呼び、電話、インターネットやテレビなどの通信機器を収納するための盤である。あらかじめユニットとして機器が構成されている弱電盤を使用すると、個別に取り付けたときに比べて複雑な配線や施工上のミスも少なく、見た目もすっきりと美しく納まる。

情報分電盤の設置には、主に 2 つの方法がある。ひとつは空のフリーボックスを用意し、その中に必要なネットワーク機器やケーブル類を収納していく方法。安価ではあるが、ある程度ネットワークの知識が建て主に要求されるのが難点である。もうひとつは、マルチメディアポートといわれる必要な通信関連機器がすべて内蔵されているものである。

情報分電盤の設置にあたり注意しておきたいことは放熱である。熱をもちやすいネットワーク機器を収納内に設置すると熱の逃げ場がなくオーバーヒートしてしまうリスクがあるため、必ず収納扉などに放熱するためのスリット（穴）を設け、熱がこもりにくい状況にする必要がある。

需要が高まる宅内 LAN についても知っておこう

現在はリビングや書斎だけでなく、キッチンや寝室、子ども部屋など、多くの場所に LAN 用コンセントを用意し家中どの部屋からでも手軽にインターネットに接続できる「宅内 LAN」が一般的となっている。また光ファイバを利用した FTTH 普及により、インターネットはもとよりテレビ、IP 電話（インターネット回線を使った電話）などを手軽に楽しむ人が急増している。

宅内 LAN の接続方法の基本を知ろう

宅内 LAN を構築する方法はさまざまだが、基本的には弱電盤内の光ケーブル引込み位置から LAN につなぐ機器を設置する部屋まで、モデムとルータ、ハブを通して LAN ケーブルを配線していく。接続方法には、有線 LAN、無線 LAN のほか、最近は電力線を LAN ケーブルとして利用する PLC 方式（電力線通信）もある。これは、PLC モデムを電気コンセントに差し込むだけなので手軽に利用できる。また、各部屋に用途に応じてマルチメディアコンセントを取り付けておけば、パソコン、テレビ、電話をコンセントとつなぐだけで、インターネットに接続することができる。

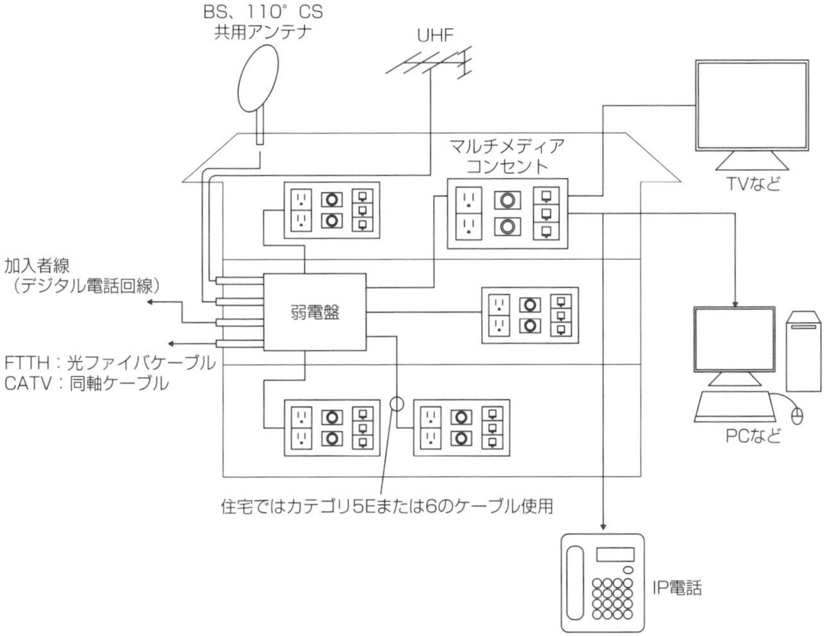

図 4·10　宅内 LAN のしくみ

表 4·7　宅内 LAN の種別と特徴

種別	特徴と導入時の注意点
有線 LAN	有線ケーブルを利用した LAN システム。周囲の電波の影響を受けにくく、通信環境が安定している。機材が安価なので、先行配管しておくと将来の機器増にも対応しやすい。 セキュリティ面も安全。
無線 LAN	電波が届く範囲であれば、ケーブルを利用せずに高速通信ができる情報共有システム。 地下室でブロードバンドを使用する場合など、部分的に有線 LAN との併用が必要になる場合がある。インターネット接続時に暗証番号を設定するなど、セキュリティへの配慮が必要。
PLC（電力線通信）	工事なしに電力線に情報信号を載せて送る通信技術。家庭内の電気配線で LAN 配線同様の情報共有システムが可能になる。専用の配線が必要ないので、室内の美観を損なわない。有線 LAN と併用し、部分的に採用するのが一般的。インターネット接続時に暗証番号を設定するなど、セキュリティへの配慮が必要。

4-13 住宅用火災警報設備

住宅用火災警報器の設置場所は必ず確認

住宅用火災警報器は、火災により発生する煙や熱を感知器で自動的に感知し、警報音や音声で火災を早期に知らせる。2006 年 6 月より消防法および市町村条例で、すべての住宅に設置が義務付けられた。また、2011 年 6 月 1 日より既存住宅についても義務化された。

住宅用火災警報器は、原則として寝室と階段部に設置する。また、地域によっては、キッチンなども市町村条例で設置が必要となる場合があるので、所轄の消防署への確認を行う。

感知器・警報器の種類をざっと覚える

感知器には煙式と熱式があるが、火災の発見をいち早く知るには、煙式が有効となる。キッチンも原則では煙式を選ぶが、キッチンが狭く、煙や蒸気が滞留しやすい場合は、熱式にして誤報を防ぐ必要がある。感知器は電池タイプと電源配線接続タイプがある。

また、火災を感知した警報器のみが警報音をだす単独式と、1 つの警報器が火災を感知すると家中に設置されたすべての警報器が連動し、家全体に火災を知らせる連動式とがある。連動式は、有線タイプと無線タイプの 2 種類がある。

ガス漏れ火災警報設備も検討しよう

ガス漏れ火災警報設備は、ガス漏れ検知器、中継器、受信機、警報装置で構成される。ガス事業法や LP ガス法により、設置義務のある建物や設置基準が定められているが、住宅などの義務付けがされていない建物でも、安全のために設置が推奨されている。ガス漏れ検知器は、都市ガスの場合は空気より軽いため天井付近、LP ガスの場合は空気より重いため床付近に設置する。

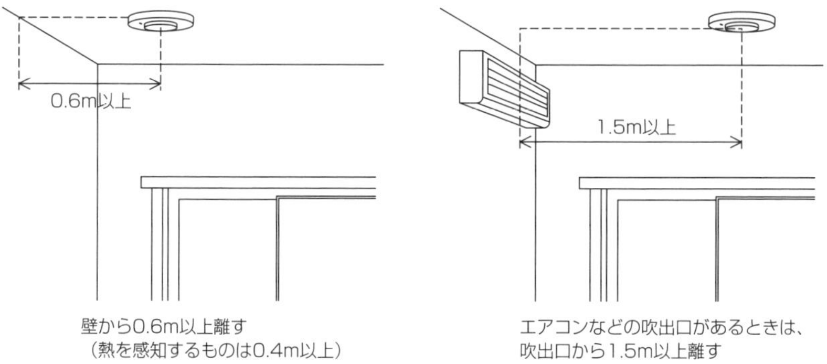

（a）天井に設置する場合

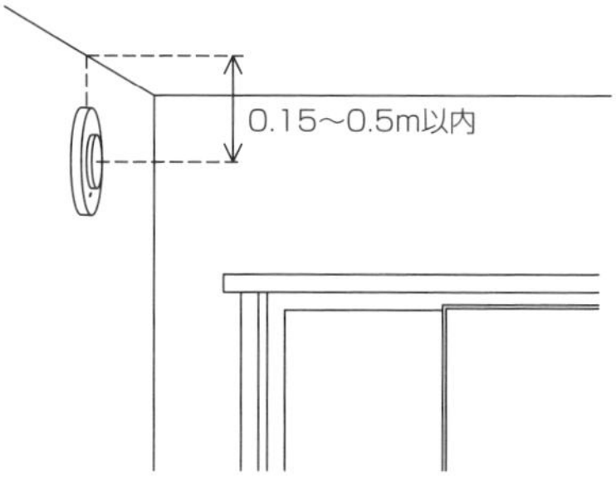

（b）壁に設置する場合

図 4·11　住宅用火災警報器の取り付け位置

4-14 インターホンと防災・防犯設備

インターホンの構造と設置場所を考える

インターホンは、玄関外に取り付ける呼出用の玄関子機と、室内側に取り付ける親機で構成される。親機はリビング・ダイニングなど、常に人がいる部屋に設置し、寝室や書斎などに何台か増設しておくのもよい。

設置の際は、操作しやすい位置に取り付けるのは当然だが、特にカメラ付き玄関子機は、逆光になる場所を避ける。通話方法には、ボタンを押して手ばなしで通話するハンズフリータイプや、持ち運びができるワイヤレスタイプ、受話器タイプなどがある。

インターホンには、オプションとして住宅用火災警報器と連動して警報音を鳴らせる機能が追加できるものもある。そのほか、ガス漏れ検知器と連動した警報発信、玄関扉・門扉と連動した電気錠の開閉など、セキュリティ面での多機能化が進んでいる。なお、電気錠と連動させる際は、連動の可・不可をメーカに確認する必要がある。

徐々に需要が高まるホームセキュリティにも配慮する

ここ数年、ホームセキュリティへの関心が高まっている。ホームセキュリティは、大別すると以下の 3 つのタイプがある。

■ 常駐警備

警備員が常駐する方法。常に人間が監視するので、侵入者検知という面では最も優れたシステムだが、専任の警備員を配置するための人件費がかかるので、戸建住宅のホームセキュリティには向かない。

■ 機械警備＋警備員駆け付け

窓やドアに取り付けたセンサが、侵入者を検知すると警備会社に通報するシステム。警報を受けると、警備会社は警備員を派遣して対処する。戸建住宅のホームセキュリティはこの方式が一般的である。

■ 機械警備＋自主対応

窓やドアに取り付けたセンサが侵入者を検知すると、電話や電子メールで本人や家族に通知する。パーソナルセキュリティやセルフセキュリティと呼ばれ、警報を受けた場合の対処方法は住人が考えなければならない。人件費がかからないので最も費用が安い。

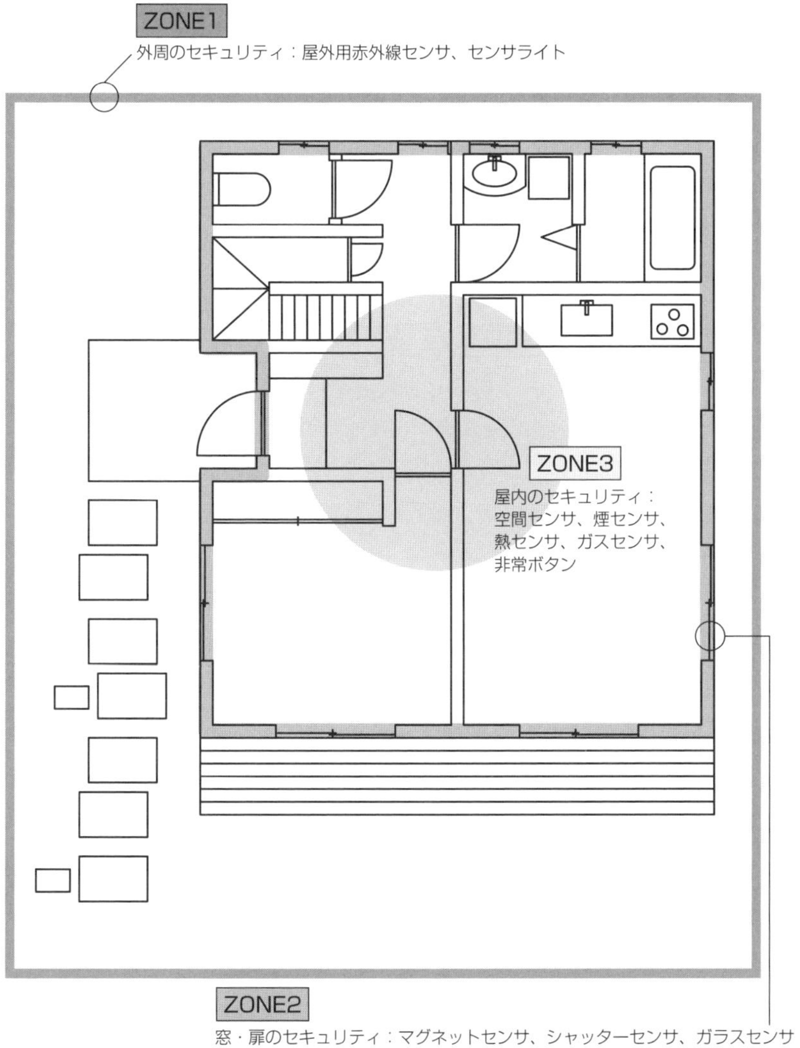

図 4·12 住宅のセキュリティと設備機器

4-15 ホームコントロール

近年の戸建住宅におけるホームコントロールとは、自宅の内外から家電製品、セキュリティ商品を積極的に操作することである。

現在の代表的なシステムは、すべての照明、エアコン、床暖房、電動シャッター、電動カーテン、お風呂の追焚き、電動トップライトなど、すべて外部からのコントロールが可能である。また、セキュリティシステムとの接続を行うことによって、侵入者を検知すれば家中の照明を点滅させて異常を知らせることなども可能である。

システム導入時には何を注意すればいいの？

このようなシステムを導入する場合は、設備設計が完了する前に、設置業者（インストーラー）に提案書の作成を依頼する必要がある。

はじめて採用する場合は、システムの特徴を把握するのにも時間がかかるので、まず提案書の説明を受けたうえで、設置業者に要望を伝えるようにする。

システム導入成功のために重要なのは、システムの選定より設置業者の選定である。経験豊富な業者なら提案書の内容が具体的であり、質問に対し的確な回答を得られるので、きちんと見極めるようにしたい。

なお、照明、エアコンなどの接続機器に変更が生じた場合、設置業者には速やかにその変更を連絡する必要がある。場合によっては変更した設備がシステムと接続できない場合があり、１つでも接続できなくなるとシステムの魅力が薄れるので注意したい。

表 4·8　ホームオートメーションの機能

機能	セキュリティ機能		便利機能	
特徴	玄関・窓の異常を通知	玄関ドア、窓センサからの異常検知により携帯電話にメールで通知	家電機器の遠隔操作	家電のスイッチを遠隔で操作
	照明の遠隔制御	出先から携帯電話で照明を点灯	来訪者の画像配信	留守中の訪問者をメールで知らせる。画像はサーバアクセスにより確認することが可能
	帰宅メール通知	家族の帰宅をメールで知らせる	着荷通知	宅配ロッカーに届くと携帯電話に知らせる
	在宅警備モード	在宅時でもドアや窓のセンサの一部を選択して警備	緊急地震速報対応	緊急地震速報に対応し、通知するシステム
	施錠確認	携帯電話や PC から施錠状態を確認		
	設備の監視	火災、漏電、漏水などの設備の異常を監視		
	室内の異常を通知	侵入者をセンサで監視し、携帯電話に通知		
	電気錠の遠隔操作	出先から携帯電話で施錠を確認		

4-16 電気配管・配線の種類

電気配管材料の種類と記号を覚えよう

電線管

金属製の電線管は、鋼製電線管あるいは金属管とも呼ばれる。屋外・屋内を問わず利用され、次の３種類がある。

・厚鋼電線管 (GP)：金属製電線管のうち、管の肉厚が厚いもの。機械的強度に優れており、主に屋外や工場内の金属管工事に使用される。G 管ともいう。

・薄鋼電線管 (CP)：金属製電線管のうち、管の肉厚が薄いもの。主に屋内の金属管工事に使用される。C 管ともいう。

・ねじなし電線管 (E)：厚鋼・薄鋼電線管とは異なり、管端にねじが切られていないもの。カップリングコネクタを使用することで接続が容易になり、施工性がよい。E 管ともいう。

合成樹脂製可とう電線管

金属製電線管とは異なり、可とう性 (折れ曲がる力がかかっても折れたり壊れたりしない) がある。材質により次の２種類がある。

・PF 管：耐燃性のある合成樹脂管で、単層の PFS と複層の PFD がある。

・CD 管：耐燃性のない合成樹脂管。管をオレンジに着色して PF 管と区別している。

ポリ硬質ビニル電線管

一般に用いられる VE 管と、耐衝撃性のある HIVE 管がある。

ポリエチレン被覆ケーブル保護管

土中埋設部や多湿箇所に使用する。PE 管ともいう。

波付硬質ポリエチレン管

地中埋設用の配管。FEP 管ともいう。

電気配線材料の種類と記号を覚えよう

絶縁電線

導体が絶縁体で覆われているもの。

・屋内配線用：600V ビニル絶縁電線 (IV) と、耐熱被覆されている 600V 耐熱ビニル絶縁電線 (HIV) がある。

■ ケーブル

導体が絶縁体と保護被覆とで覆われているものをいう。線の数により、単芯、2芯、3芯などがある。

・屋内配線：ビニル絶縁ビニルシースケーブル (VVF)、架橋ポリエチレン絶縁ビニルシースケーブル (CV) のほか、トリプレックス型 (CVT) は、3本の芯線が独立して絶縁・保護されているため、CVの3芯より許容電流が高い。

表 4·9 電気配管材料

配管材料	屋内露出隠蔽	コンクリート埋設	床下暗渠	地中埋設	屋外多湿
厚鋼電線管	○	○			○
薄鋼電線管	○	○			
ねじなし電線管	○	○			
合成樹脂製可とう電線管	PF のみ○	○			
金属製可とう電線管	○				○
ポリ硬質ビニル電線管			○		○
耐衝撃性硬質ポリ塩化ビニル管				○	○
波付硬質ポリエチレン管			○	○	
ポリエチレン被覆ケーブル保護管			○	○	○

表 4·10 電気配線材料

配線材料	引込	一般幹線	一般動力	電灯・コンセント	非常照明	制御	放送	インターホン	TV共同受信	自火報防排煙	電話
600V ビニル絶縁電線		○	○	○	○	○	○				
600V 耐熱ビニル絶縁電線					○		○				
600V ビニル絶縁ビニルシースケーブル				○							
600V 架橋ポリエチレンケーブル	○	○	○								
耐熱ケーブル							○	○		○	
制御用ビニル絶縁ビニルシースケーブル						○					
市内対ポリエチレン／絶縁ビニルケーブル								○			○
着色識別ポリエチレン絶縁ポリエチレンシースケーブル											○
構内用ケーブル (通信用)											○
TV 用同軸ケーブル									○		
ポリエチレン絶縁警報ケーブル							○	○		○	
屋内用通信電線							○				

第5章

省エネ設計のための基礎知識

5-1 そもそも快適とは

一般的な暑さ・寒さの指数として温度や湿度が挙げられるが、人が暑さ、寒さを感じるのは、「温熱環境の 6 要素」が複雑に影響している。

快適さは「温熱環境の 6 要素」にかかっています

■ 温度

温度計で示される値、いわゆる気温のこと。室内の温度が高ければ暑い、低ければ寒い。

■ 湿度

空気中に含まれる水蒸気量のこと。湿度が違うと感じる暑さも異なる。

■ 気流（通風）

空気の動き、風のこと。微風から強風まで、風の動き方次第で快適さも変わる。温度・湿度が同じであっても気流が強くなるほど、寒く感じる。

■ 放射

電磁波によって、床、壁、天井、家具などから伝わる熱のこと。赤外線の電磁波は周りの温度・湿度・気流の影響を受けずに直接伝わる。室温は適温でも「放射温度」が室温よりも高ければ暑く感じ、室温よりも低ければ寒く感じる。

■ 活動量

身体から発生する熱量のこと。寒い冬でも激しい運動をすれば上着を脱ぎたくなるように「身体を動かす量」によって体感温度は変わる。

■ 着衣量

着衣量は着ている衣服の種類や枚数のこと。暑いときに上着を脱ぐと涼しくなるように、皮膚の表面から逃げる熱の量が快適さを左右する。着衣の面積や厚さによって「熱抵抗」は変わる。

iii 体感温度

体感温度とは、人が感じる温度の感覚を数値に表したものである。一般的には気温となるが、実際には湿度や風速などによって影響される。したがって、気温をそれらの数値で補正する形で計算される。リンケ式の体感温度では、風速が1m/s 増すごとに体感温度は約 1℃ずつ低くなる。

図 5·1　温熱環境の 6 要素

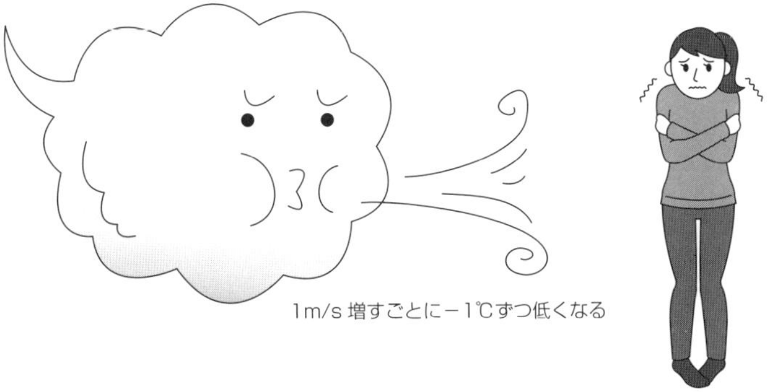

図 5·2　リンケの体感温度

5-2 熱の基本

熱は高いほうから低いほうへ移動します

温度は分子の動きが活発化することで上がる。動きの激しくなった分子は、周りにいる分子の動きも激しくしていく。このようにして熱は、高温の物体から低温の物体へ移動していく。

熱は下のほうから上のほうへ移動します

熱により温度の上がった物質は膨張して密度が下がる。この現象は室内を漂う「空気」も例外ではない。空気も暖められると膨張し密度が下がる。密度の下がった空気は軽くなるため自然と上のほうへ上昇していく。逆に冷やされた空気は下降する。上下の温度差もうまくコントロールできれば、室内はさらに快適になる。

住宅内の熱の排出にも注意しよう

照明器具、調理中のコンロ、冷蔵庫や TV、コンピュータなど家中の家電からも熱が排出されている。これらから発生する熱の処理も無視できない。

室温と放射温度に差があるとどうなる？

床や壁などから発せられる熱を「放射熱」という。一般に、床・壁・天井の表面放射温度は室温と同じになるが、熱容量の大きいコンクリートやタイルなどは室温と同じになるまでに時間がかかる。ゆえに、一旦冷えきってしまったり、逆に熱が蓄えられてしまうと、いくら室温が快適温度になったとしても快適とはいえなくなる。

体感温度に合致室内の温度（空気温度）と床・壁・天井の表面放射温度の平均を足して２で割ると体感温度にほぼ合致する。

また、特に放射温度で注意したいのが窓ガラスである。夏も冬も外気温に近くなりやすい場所なので、窓が大きな部屋は厚手のカーテンや断熱ブラインドなどで遮断しないと体感温度に影響を与えかねない。断熱性能の高い複層ガラスを使用することも放射温度を下げる効果がある。

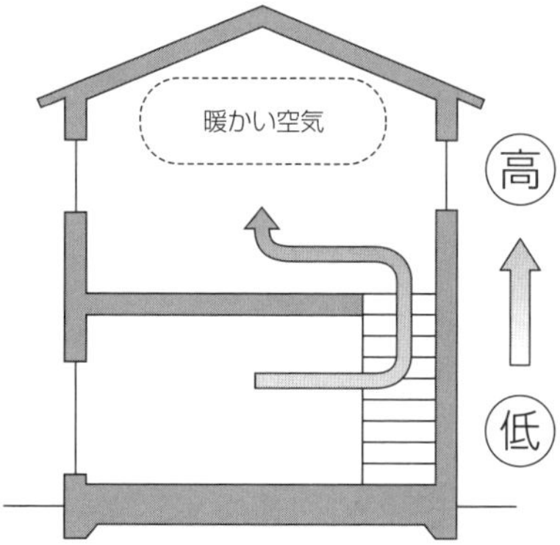

図 5·3 暖かい空気は上へ

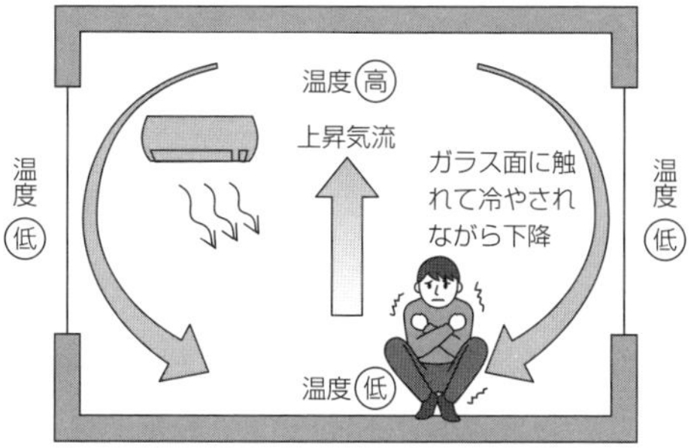

図 5·4 室内の空気の流れ

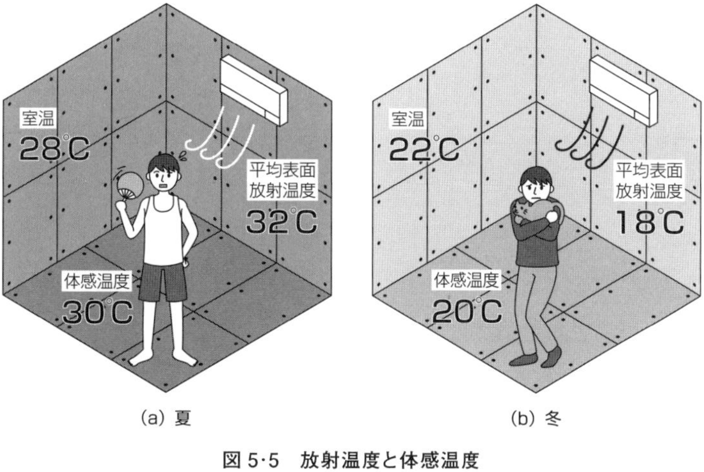

(a) 夏　(b) 冬

図 5·5 放射温度と体感温度

5-3 建物の断熱

熱をコントロールする材料として断熱材がある。断熱材は小さな気泡の固まりにより効果を発揮する。壁、床、天井、屋根など、熱が出入りしやすい部分に断熱材を入れることによって、夏は熱の侵入、冬は熱の流出を防ぐ。

木造の断熱工法を把握しよう

木造住宅の場合、断熱工法には柱と柱の間に繊維系断熱材を挟み込む「充填断熱工法」と、柱や梁の外側にボード状断熱材を張る「外張り断熱工法」、この2つをあわせた「付加断熱工法」の3つがある。

鉄筋コンクリート造の断熱工法を把握しよう

鉄筋コンクリート造の場合は、躯体の内側に断熱層を設ける「内断熱工法」と、躯体の外側に断熱材を張る「外断熱工法」がある。

内断熱工法

ローコストだが、断熱材が連続しない熱橋部分で温度差が生じ、断熱材と躯体の間で結露が生じる可能性がある。特にコンクリートは熱を伝えやすいため、断熱欠損箇所には適宜断熱補強をする必要がある。

外断熱工法

断熱材で外部を連続して包み込むため、熱橋ができにくく躯体保護にもつながるが、コストは比較的割高になる。

開口部の断熱も大切

住宅は窓からの熱損失が最も大きいため、躯体とともに開口部の断熱性能を高める必要がある。サッシは、断熱性に優れた樹脂サッシ、木製サッシ、複合サッシを、ガラスは中空層を設けた複層ガラスやLow-E（低放射）ガラスを使用するとよい。

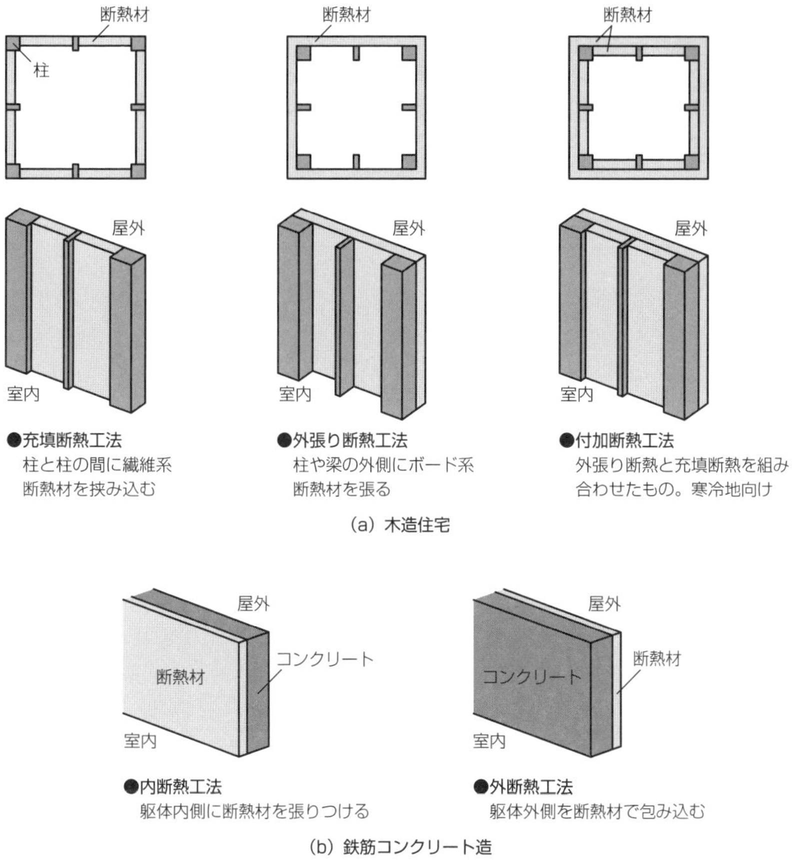

●充填断熱工法
柱と柱の間に繊維系
断熱材を挟み込む
●外張り断熱工法
柱や梁の外側にボード系
断熱材を張る
●付加断熱工法
外張り断熱と充填断熱を組み
合わせたもの。寒冷地向け
(a) 木造住宅

●内断熱工法
躯体内側に断熱材を張りつける
●外断熱工法
躯体外側を断熱材で包み込む
(b) 鉄筋コンクリート造

図 5·6　断熱工法の種類

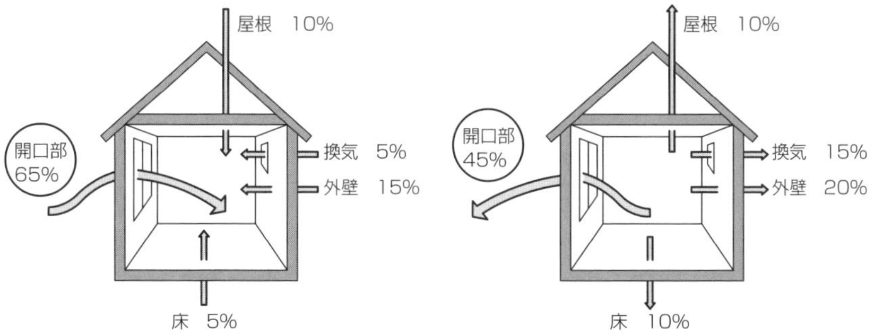

図 5·7　窓からの熱損失

5-4 開口部と日射量

開口部の日射を防ぐことは基本中の基本

建物は断熱や遮熱のほかに、直接室内に入る日射をコントロールすることで大きな省エネ効果を得ることができる。

開口部からの熱負荷は、大別すると室内と屋外の温度差によって壁や開口部から出入りする熱エネルギーと、開口部から直接室内に入ってくる太陽光の熱エネルギーとに分けられる。開口部から直接出入りする熱エネルギーは、外壁や屋根などから出入りする熱エネルギー量に比べて圧倒的に大きい。

夏季・冬季の計画はどうたてる？

夏季は太陽光を直接室内に入れないような開口部計画が必要になる。直接室内に入ってくる太陽光の熱エネルギーは、温度差による熱エネルギーとは比べものにならないほど大きい。これが室内にそのまま入ると、室温はどんどん上昇し室内で蓄熱してしまう。太陽光の熱エネルギーをいかに低減させるかが、夏季の省エネ計画上最も重要となる。

これに対して冬季は、天気のよい日には室内に太陽光が入るような開口部計画を積極的に行いたい。逆に冬季は室温と外気温の差が夏季より大きくなるため、開口部からでる熱エネルギーも非常に大きくなる。これをいかに抑えるかについても省エネ計画上重要になる。逃げていく熱エネルギーを抑えるためには、当然、開口部の断熱性能を上げる必要が生じる。

適切な開口部の方向って？

近年は、大部分がガラス張りでできている建物も増えているが、開口部に対して何の配慮もされていなければ、室内環境が非常に悪くなってしまう。

計画建物と日射の関係を十分に検討し、季節によって遮る日射と取り入れる日射をコントロールするための適切な開口部の方位や大きさを検討する。

表 5·1 温度差による熱エネルギー〔℃〕（室温 26℃）

地区		東京			
時刻		9	12	14	16
方位	水平	13	28	32	30
	N	5	8	9	10
	NE	13	12	11	10
	E	17	17	13	11
	SE	13	18	14	11
	S	5	13	15	14
	SW	4	9	15	20
	W	4	8	13	20
	NW	4	8	10	15

注 1：上の数値を窓の面積と熱通過率（K）とを掛けると温度差による窓からの取得熱量となる。
注 2：開口部からの侵入熱量はこの温度差による取得熱量と日射取得エネルギー量の和となる。

●ガラス面1m^{2}からの日射による熱取得量（東京7月23日）

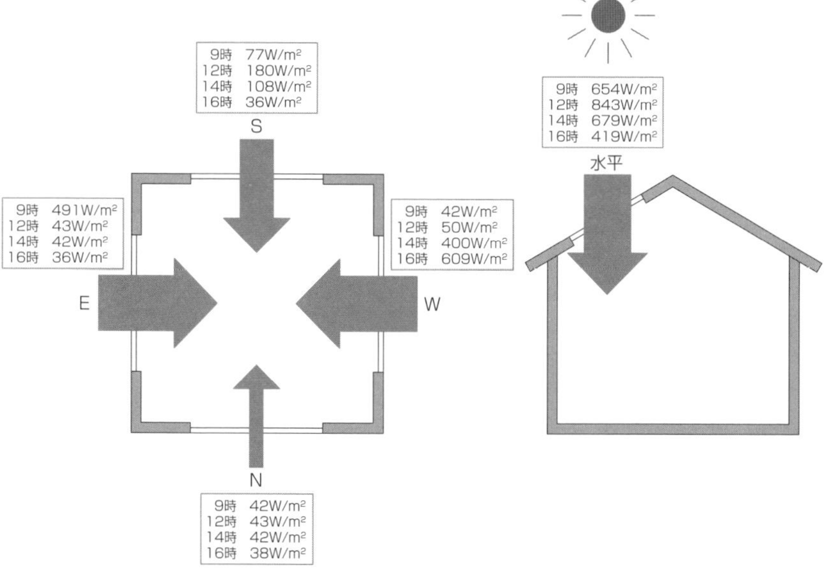

図 5·8 開口部の方位別日射熱取得率

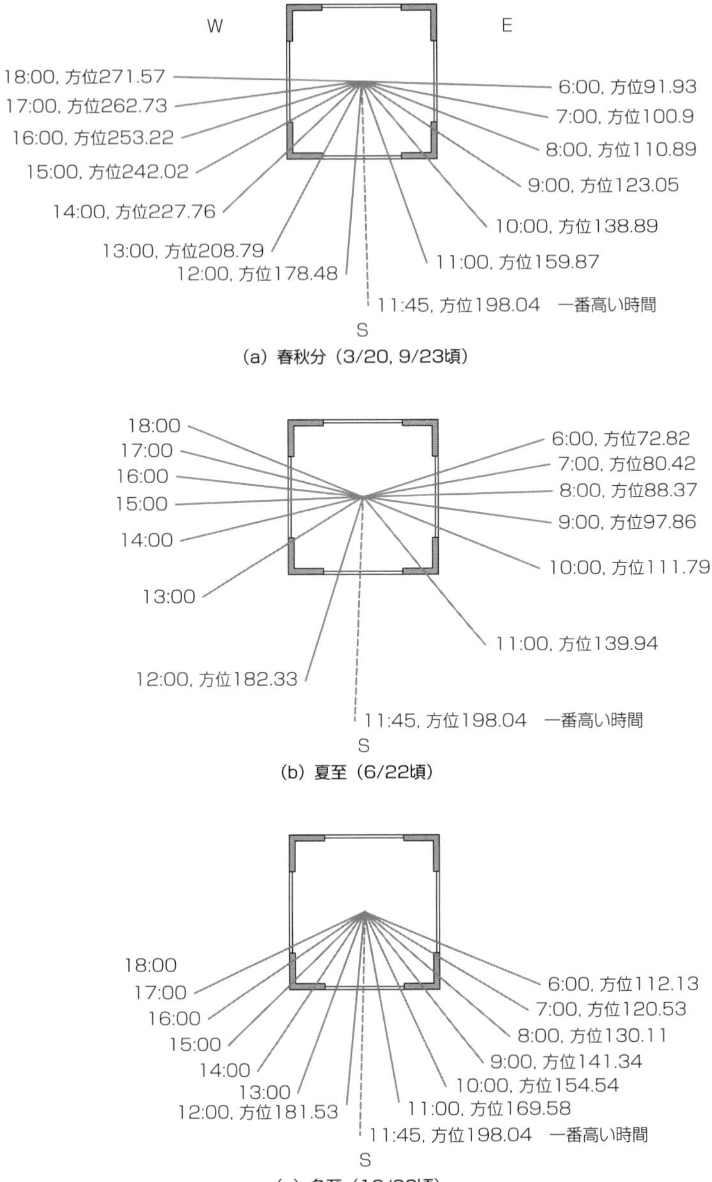

(a) 春秋分（3/20, 9/23頃）

(b) 夏至（6/22頃）

(c) 冬至（12/22頃）

東京の春秋分・夏至・冬至の6時から18時までの太陽高度と方位を示したものです。

図 5·9　東京の太陽方位

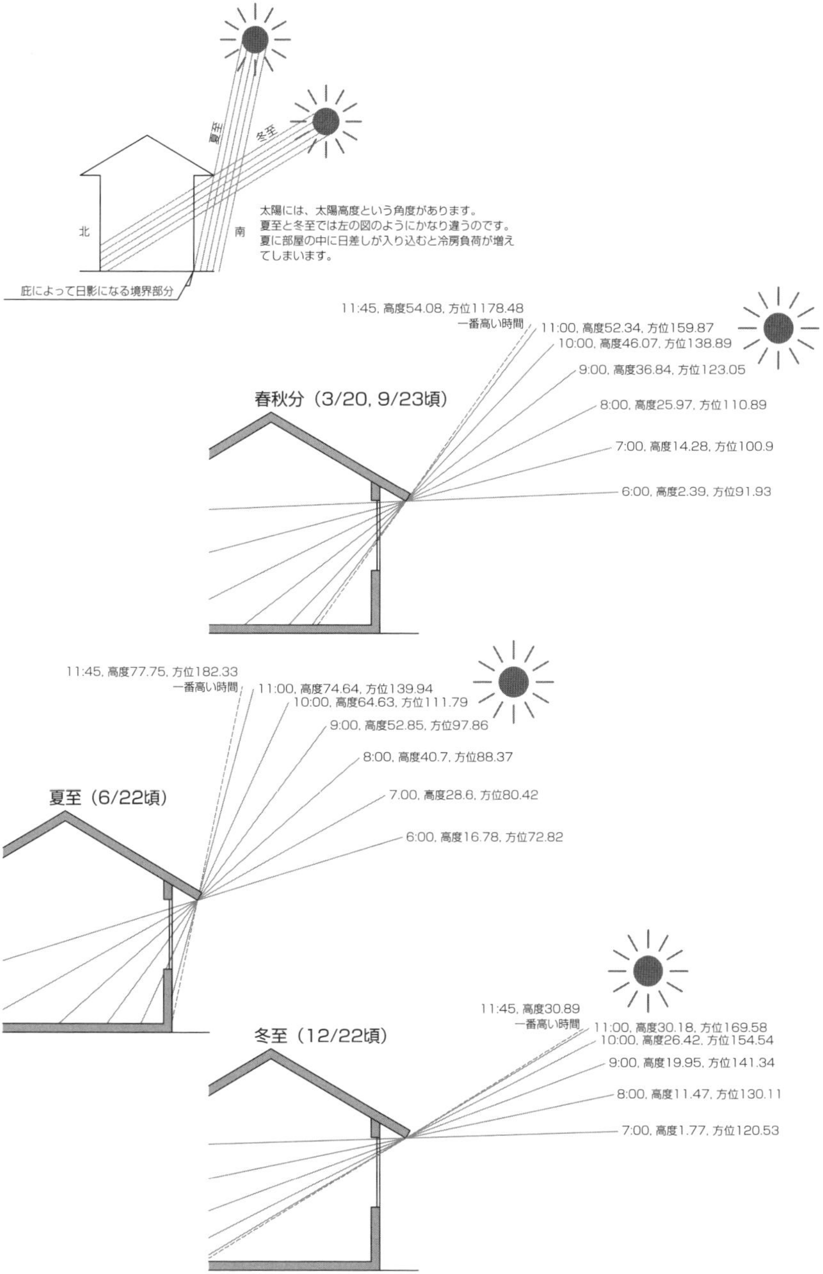
夏至
冬至
北
南
太陽には、太陽高度という角度があります。
夏至と冬至では左の図のようにかなり違うのです。
夏に部屋の中に日差しが入り込むと冷房負荷が増えてしまいます。
庇によって日影になる境界部分
春秋分（3/20, 9/23頃）
11:45, 高度54.08, 方位1178.48
一番高い時間
11:00, 高度52.34, 方位159.87
10:00, 高度46.07, 方位138.89
9:00, 高度36.84, 方位123.05
8:00, 高度25.97, 方位110.89
7:00, 高度14.28, 方位100.9
6:00, 高度2.39, 方位91.93
夏至（6/22頃）
11:45, 高度77.75, 方位182.33
一番高い時間
11:00, 高度74.64, 方位139.94
10:00, 高度64.63, 方位111.79
9:00, 高度52.85, 方位97.86
8:00, 高度40.7, 方位88.37
7.00, 高度28.6, 方位80.42
6:00, 高度16.78, 方位72.82
冬至（12/22頃）
11:45, 高度30.89
一番高い時間
11:00, 高度30.18, 方位169.58
10:00, 高度26.42, 方位154.54
9:00, 高度19.95, 方位141.34
8:00, 高度11.47, 方位130.11
7:00, 高度1.77, 方位120.53

図 5·10　東京の太陽高度

5-5 日射の侵入を防ぐ方法

外部遮光は基本です

雨の多い日本では、庇は雨から外壁を守る役割を持つとともに、夏の日射しも遮ってくれる。外部遮光の手法の１つとして、庇の計画はとても重要である。

ただし、庇は大きければよいというものでもない。庇（開口部のガラス面）の寸法や形状を決める際は、敷地周囲の日当たり状況や近隣建物との近接条件を踏まえて、開口部（ガラス面）からの日射の侵入状況を読み取り、より適切な庇寸法と開口寸法を決める必要がある。

■ 庇の大きさと季節の関係

また、庇の大きさは、夏季と冬季で分けて考える。夏季は日射の熱エネルギーがそのまま室内に入ると室温が上がってしまうため、いかに太陽光を庇によって低減させるかが重要になる。特に東、西側の開口部は、庇だけで日射を遮ることが難しいため、庇とは別に屋外に設置するガラリやルーバーなど、外部遮光の手法を組み込むとより効果的である。逆に冬季は、天気のよい日には積極的に室内に日射しを取り入れて熱エネルギーを蓄えたい。季節によって太陽光の熱エネルギー調整を行うことは、より快適な住環境をつくるうえでは必須である。

外付けブラインドを利用してみては？

日本ではまだ少ないが、ヨーロッパでは日射遮蔽の対策として、外付けブラインドが普及している。外側にブラインドを設けると、窓の外側で日射を遮ることができるため、遮蔽効果は非常に大きい。室内にブラインドを設けるのも１つの方法だが、一旦室内に日射熱が入ったあとで遮蔽することになるため、室内は熱の影響を少なからず受けることになる。なお、日射の反射率は暗い色より明るい色のブラインドのほうが高く、日射遮蔽性能もより高くなる。

ライトシェルフの活用も考えてみては？

南側の窓の中段に庇を設けることで日射を遮蔽しつつ、庇の上面で反射した光を室内に効果的に取り込む手法を「ライトシェルフ」という。

反射した光を天井に拡散させることで、室内側へ光を誘導し、昼間の照明エネルギーの負荷を低減させることができる（昼光利用）。

ライトシェルフ上部の窓に光を拡散する型板ガラスなどを用いると、窓面周囲が明るくなり、直射光によるグレア（まぶしさ）が緩和される。

柔らかな拡散光が居室の奥まで達するので、透明ガラスよりも高い効果が得られる。

Low-E ガラスって知っていますか？

特殊な金属膜のコーティングを施し、可視光線はよく通しつつ、紫外線や赤外線の透過を防ぐ。複層ガラスとして使用し、複合サッシや樹脂・木製サッシと組み合わせると、高い断熱・遮熱性能を発揮する。

■ Low-E ガラスの使い分け

Low-E 複層ガラスには、遮熱タイプと断熱タイプの 2 種類がある。遮熱タイプはと高断熱性能とともに、日射の侵入を抑えることが可能である。断熱タイプは、基本的に高断熱のみの性能となる。

日射の影響を受ける東西面の開口部には遮熱タイプ、日射の影響を受けにくい北面、また、冬の日差しを取り入れたい南面には断熱タイプを使用するなど、方位によって、この 2 種類を使い分けることが重要となる。

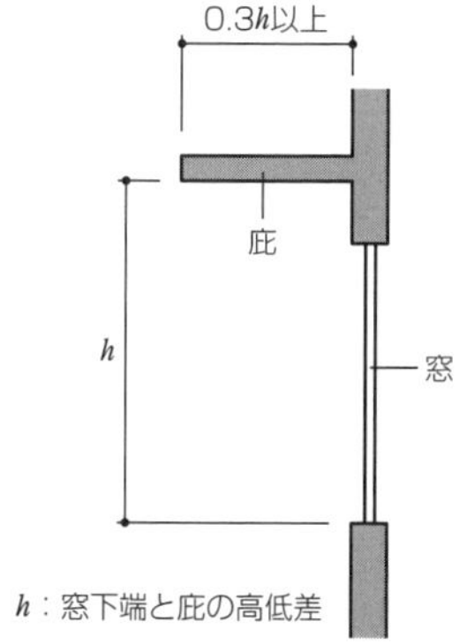

図 5·11　日射遮蔽に有効な庇などの定義（南面）

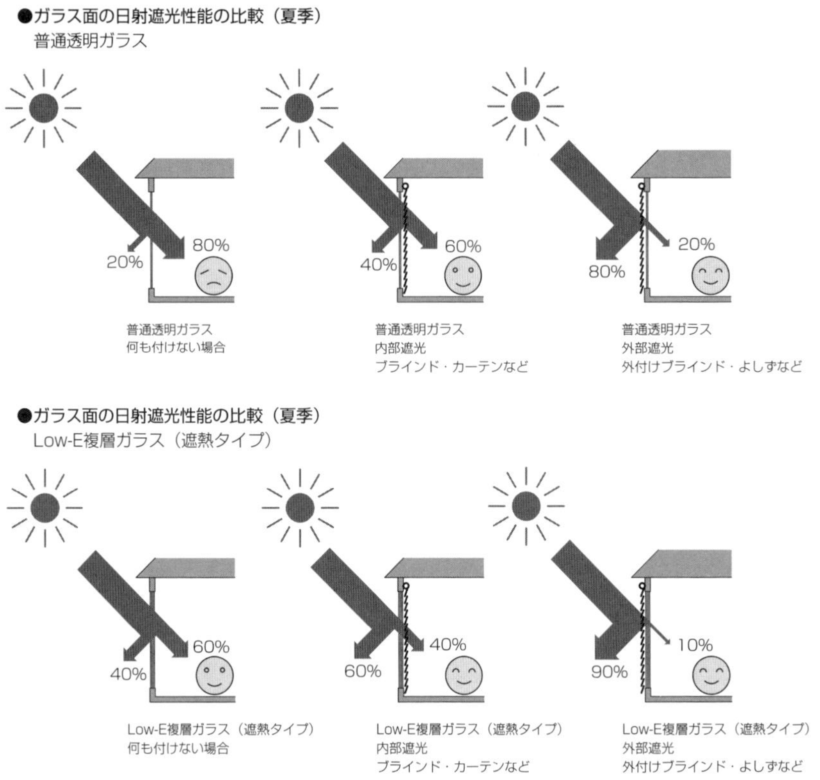

第 5 章　省エネ設計のための基礎知識

●ガラス面の日射遮光性能の比較（夏季）
普通透明ガラス

普通透明ガラス 何も付けない場合	普通透明ガラス 内部遮光 ブラインド・カーテンなど	普通透明ガラス 外部遮光 外付けブラインド・よしずなど
20% / 80%	40% / 60%	80% / 20%

●ガラス面の日射遮光性能の比較（夏季）
Low-E複層ガラス（遮熱タイプ）

Low-E複層ガラス（遮熱タイプ） 何も付けない場合	Low-E複層ガラス（遮熱タイプ） 内部遮光 ブラインド・カーテンなど	Low-E複層ガラス（遮熱タイプ） 外部遮光 外付けブラインド・よしずなど
40% / 60%	60% / 40%	90% / 10%

図 5·12　日射遮蔽性能の比較

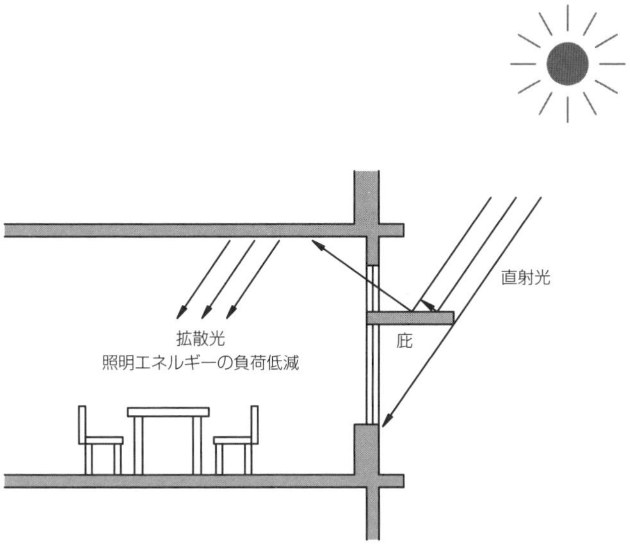

図 5·13　ライトシェルフのしくみ

5-6 湿度の基本

空気の性質って知ってる?

空気は暖められると容積が大きくなり、逆に冷やされると容積が小さくなる。

やっかいな湿度と結露のメカニズムを知ろう

湿度とは大気中に含まれる水蒸気の量や割合のことをいう。

湿度にも絶対湿度と相対湿度の２類がある。絶対湿度〔kg/kg〕は、1気圧で1kgの空気中に含まれる水蒸気の量を表す。相対湿度〔%〕は、ある温度において空気中に実際に含まれている水蒸気の量と、その空気がその温度で含むことができる最大限の水蒸気量の比を表す。一般的に気象予報や湿度計などで使用されている湿度とは相対湿度をいう。

相対湿度の説明に「ある温度」という条件がなぜつくのか?　これは「空気の性質」と関係がある。空気は温度変化により容積が変化する。空気を受け皿と考えた場合、この受け皿は温度が上がると大きくなり、温度が下がると小さくなる。このとき、受け皿の中の水分の量は変わらない。空気の性質として温度が高いほど多くの水蒸気を含むことができ、温度が低くなると少ない水蒸気しか含むことができない。そのため水蒸気量が同じ場合は温度が上がると相対湿度が下がり、温度が下がると相対湿度は上がることとなる。

湿気は家中いたるところから…

湿気は外から入ってくるだけでなく、室内からも大量に発生している。キッチン、浴室、洗面室など、日常生活から発生する湿気も無視できない。

たとえば、夕食の準備を始めてからお皿を洗い終わるまで、調理、食べ物、燃料（ガス）などからは水約1ℓ分の水蒸気が発生している。

盲点になりがちなところとしては、ガスや石油のファンヒータからも大量の水蒸気が発生しているので覚えておくこと。

結露の原理

空気は高温になるほど水蒸気を多く含み、低温になると含む量が減る特性がある。つまり、絶対湿度が一定の状態で温度が下がっていくと、相対湿度が上昇する。そしてある温度（露点温度）になると湿度100％の飽和状態となり、冷やされた空気の余剰水分が発生する。この現象が「結露」である。

つまり、室内の水蒸気を含んだ暖かな空気が、冷たい窓ガラスやサッシに触れて急激に冷やされると、空気に含まれていた水蒸気が水滴となって現れるのである。これを「表面結露」という。表面結露を防ぐには、複層ガラスや断熱サッシ、各種断熱材を用いて建物内部に低温部分をつくらないように考慮する。

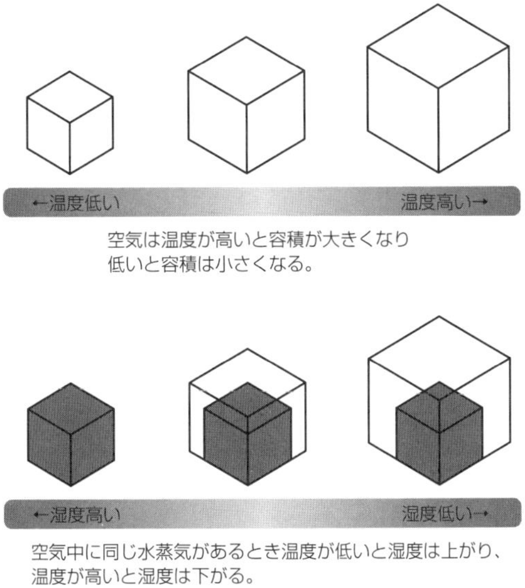

空気は温度が高いと容積が大きくなり
低いと容積は小さくなる。

空気中に同じ水蒸気があるとき温度が低いと湿度は上がり、
温度が高いと湿度は下がる。

図 5·14　空気の性質

5-7 気流（通風）の基本

通風計画の基本となるのが、計画敷地での夏と冬の風向をよく読み込むことである。気象条件だけでなく、周囲の建物による影響も考慮する必要がある。

また、窓を開けさえすれば風が勝手に入ってくるというわけではない。風の入口の窓と出口の窓があってはじめて風が通る。

通風が上手くいかない理由は？

① 入口の窓はあるが出口の窓がない。

② 入口の窓に対して出口の窓が小さい。

③ 出口の窓は大きいが入口の窓が小さい。

④ 入口の窓の位置が悪い。

⑤ 出口の窓に向かう途中の間仕切りで風道が遮られる。

窓の位置は対角線が基本となる。その場合に平面計画だけでなく、断面計画でも対角線に設けるとよい。

自然の風だけに頼っていては常時快適な環境をつくり出すことはできない。温度差があれば気流は生まれるので、自然対流の原理を活用する。建物の上下に温度差がある場合は、暖かい空気が上昇すると、そこに下から冷たい空気が上がってくる。

温度差換気の法則って何？

高低差があればあるほど、温度差があればあるほど有効に働く換気（通風）を「温度差換気（重力換気）」という。これが最も活躍するのは、屋外の風速が１～2m/s 以下のときである。それ以上の風速になると、換気（通風）量は風速に比例して増加する。

上手に通風するためのルールを考えよう

南面の窓は冬の日差しを考えてなるべく大きく取るが、対する東面・北面の窓は以下のルールに基づいて考える。

① 南面の窓に対して 1/3 ～ 1/2 程度の面積を確保する。

② 北側の窓は建物最上部に横長に付ける（開閉操作のしやすい窓とする）。

③ 通風量の調整は出口側の窓で行う。開閉の大・中・小で室内を流れる風の量を調整し、風量調整のしやすい窓を選択する（図 5･17）。

④ 東西の窓は、南からの風をうまくつかまえる工夫を凝らす。引き違いの窓ではなく、たてすべり出しの窓がよい。縦長の窓を南からの風をつかまえられる方向に開く（図 5･18）。

⑤ 北面のなるべく高い位置に窓を設置したら、同じ面の最下部にも横長の窓を付けておくこと。夏に南からの風が止まってもこの窓が別の風の取入れ口となる（図 5･17）。

個室の通風も確保する

建物全体での通風計画が済んだら次に各個室の通風計画の確認を行う。建物全体の通風計画時と同様に、各個室にも風の入口となる窓と出口となる窓を違う面に 2 箇所以上設けることが重要となる。外部に面する壁を持たない個室は、扉を開けることによって、風の出入り口が確保されるように考える。できれば引き戸や扉上に欄間などを設けることによって、開閉の大中小によって風量を調整できるようにするとよりよい。

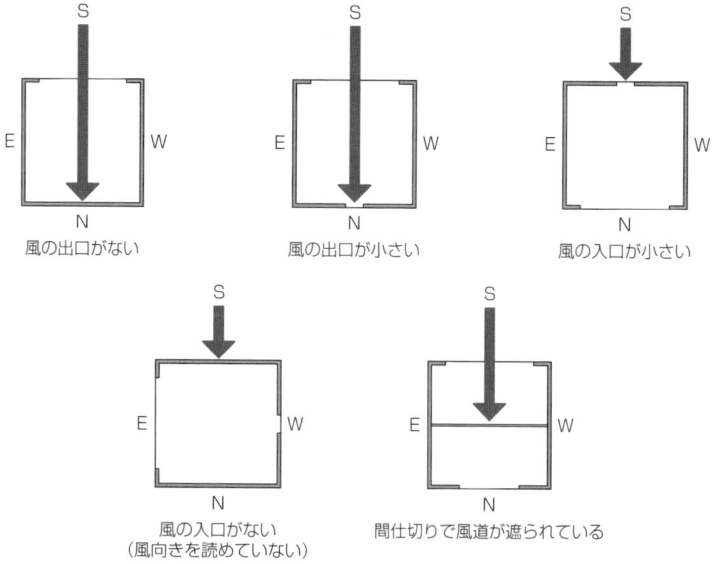

図 5·15　風が抜けないのはなぜ？

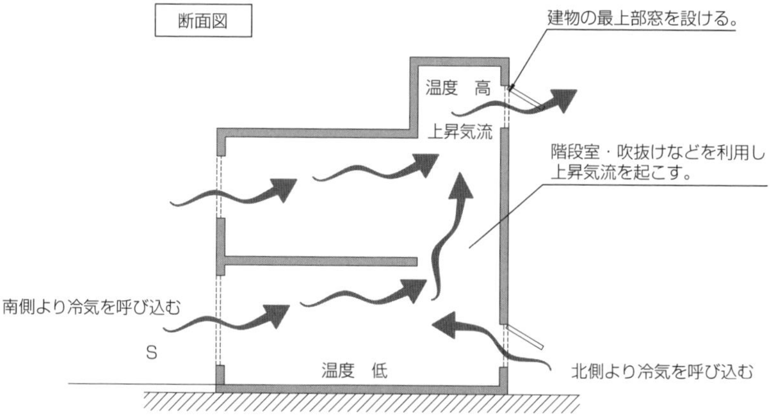

●結露の発生する場所
室内で暖められた空気は上へ上がる。
同時に、冷やされた空気を呼び込む。
窓の高低差があればあるほど有効となります。

図 5·16　重力換気の断面図

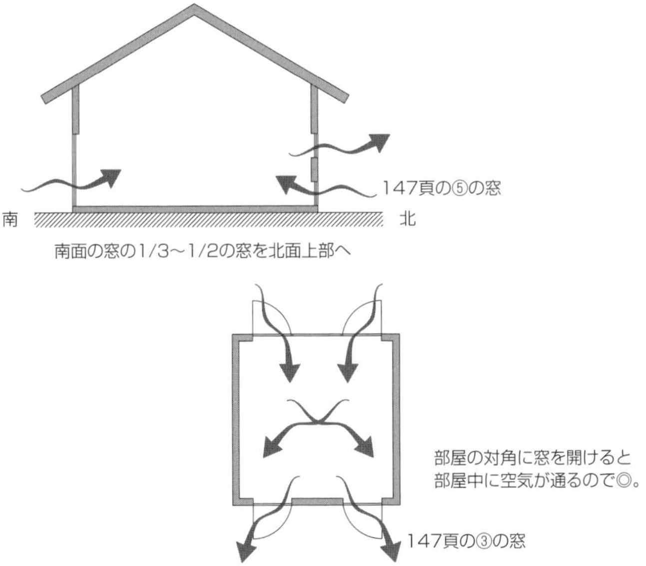
147頁の⑤の窓
南
北
南面の窓の1/3～1/2の窓を北面上部へ
部屋の対角に窓を開けると
部屋中に空気が通るので◎。
147頁の③の窓

図 5·17　上手な通風計画 (南北)

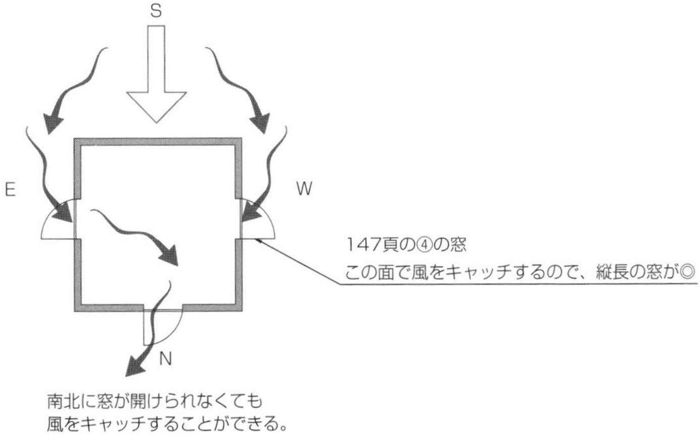
S
E
W
147頁の④の窓
この面で風をキャッチするので、縦長の窓が◎
N
南北に窓が開けられなくても
風をキャッチすることができる。

図 5·18　上手な通風計画 (東西)

5-8 窓のいろいろ

せっかくよい位置に窓を設けたとしても、外からの視線が気になったり、防犯上の不安から、開けにくかったりしたのでは意味がない。一般に、換気（通風）用の窓のサイズは床面積の 20 ～ 30％と推奨されているが、重要なのは大きさや位置だけではない。

開口部計画をする際は、明かりを取り入れる窓と通風用の窓を計画上使い分ける必要がある。万一の夕立などで室内に雨が吹き込むようなことがないように、使い勝手や風量調整のしやすさなども考慮して窓を選択するとよい。

窓っていろいろ。用途に応じて選択しよう

■ 上げ下げ窓

・トイレや洗面所など個室の小窓に適している。

・少しだけ開けて固定することもできるので防犯性も高い。

・軒や庇を設けないと雨の吹き込みがある。

■ たてすべり出し窓

・東西面に設け、風上からの風をキャッチし室内に導く窓に使用するとよい。

・軒や庇を設けないと雨の吹き込みがある。

・高所対応も可能。

■ 両たてすべり出し窓

・全開口が可能となるので、南面に設け、南風の取り入れ窓に使用するとよい。

・軒や庇を設けないと雨の吹き込みがある。

■ よこすべり出し窓

・北面に設け、風の風量調整用の窓として使用するとよい。

・軒や庇のない部分でも雨の吹き込みが少ない。

・高所対応も可能。

■ 内倒し窓

・北面に設け、風の風量調整用の窓として使用するとよい。

・軒や庇のない部分でも雨の吹き込みが少ない。

・高所対応も可能。

外倒し窓

・北面に設け、風の風量調整用の窓として使用するとよい。

・軒や庇を設けないと雨の吹き込みがある。

・高所対応も可能。

オーニング窓

・開口面積が広く取れるので、南面に設け、南風の取り入れ窓に使用するとよい。

・軒や庇のない部分でも雨の吹き込みが少ない。

・少しだけ開けて固定することもできるので防犯性も高い。

・FIX 窓との連窓も有効。

ガラスルーバー窓

・玄関やキッチン付近に設けて給気の入口として使用するとよい。浴室・脱衣室やトイレなどに設けると隙間風の寒さを感じる場合もあるので注意。

・軒や庇のない部分でも雨の吹き込みが少ない。

・防犯性も高い。

片引き窓

・南面に設け、冬季の光を取り入れる窓として使用するとよい。

引き違い窓

・南面に設け、風の取り入れ窓として、また北面に設け、風の出口用の窓としても使用可能。FIX 窓との連窓も有効。

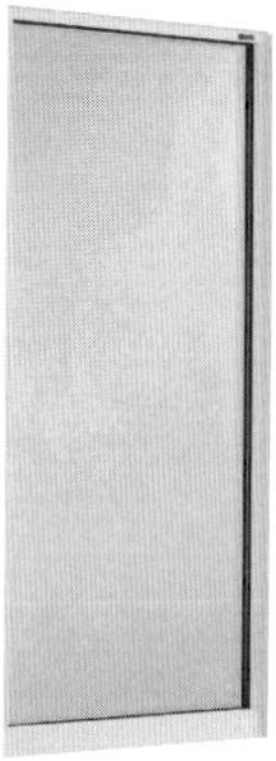

（a）FIX窓（はめ殺し窓）

（b）上げ下げ窓

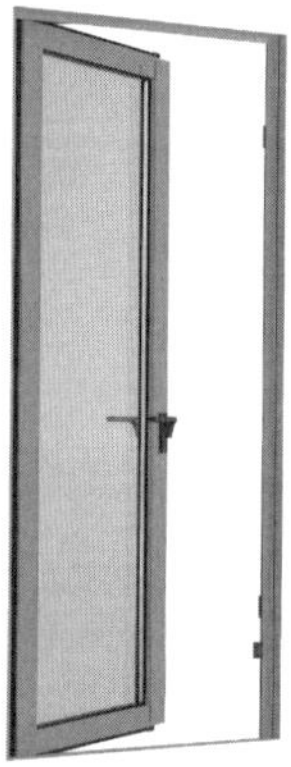

（c）たてすべり出し窓

（d）両たてすべり出し窓

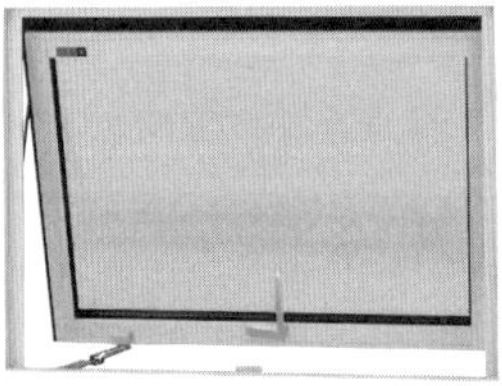

（e）よこすべり出し窓

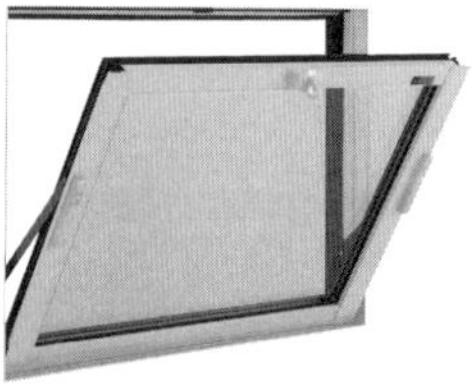

（f）内倒し窓

図 5·19　いろいろな窓

（提供：YKK AP 株式会社）

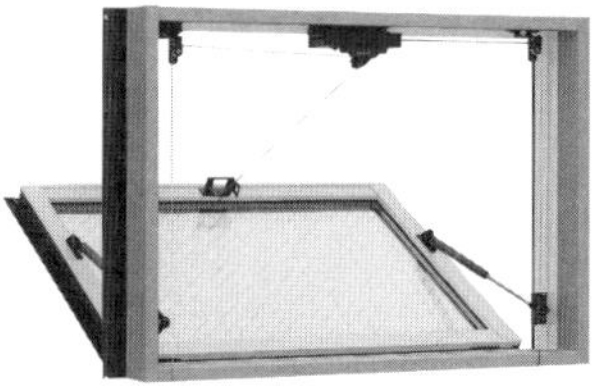

(g) 外倒し窓

(h) オーニング窓

(i) ガラスルーバー窓

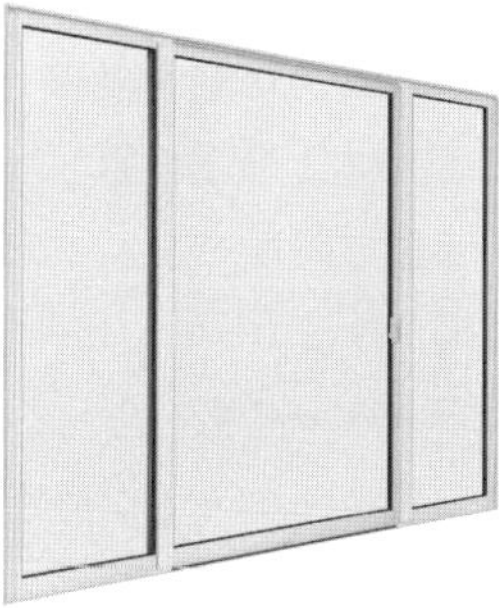

(j) 両袖片引き窓

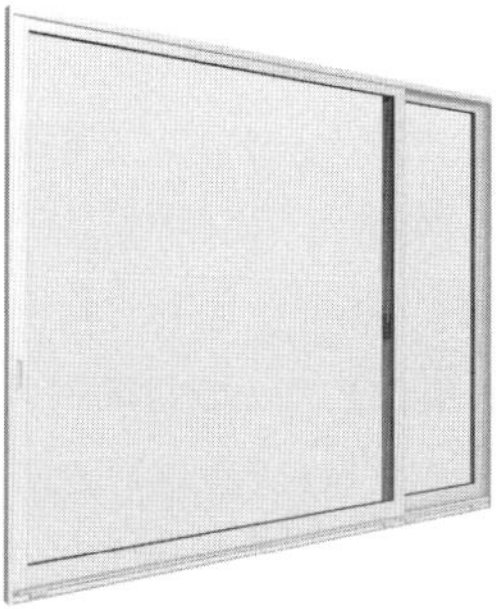

(k) 片引き窓

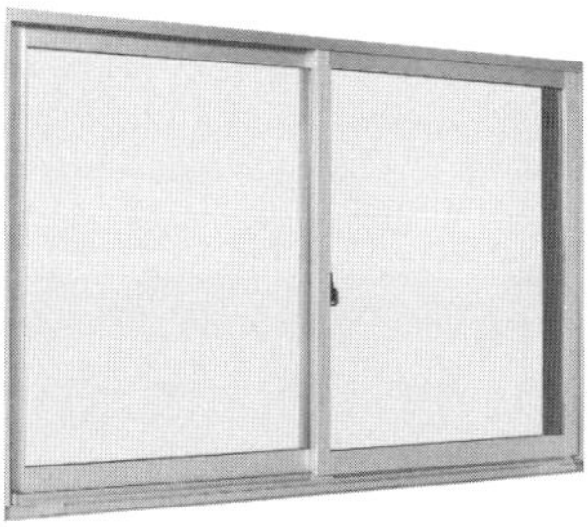

(l) 引き違い窓

5-9 ヒートポンプの原理

ヒートポンプについて知っていますか？

ヒートポンプとは、大気中の熱を汲み上げ、熱エネルギーに転換するしくみをいう。大気中の熱を圧縮機（コンプレッサ）で効率よく汲み上げ、移動させることによって冷却や加熱を行う。

ヒートポンプってエコなの？

ヒートポンプの技術は、これまでエアコン(冷房)や冷蔵庫などに使われてきたが、近年は暖房、給湯まで利用範囲が広がっているとともに運転効率もよくなっている。

ヒートポンプが暖房や給湯するときは、電気で発熱したり、燃料を燃やしたりはしない。外気の熱を汲み上げ、汲み上げた熱を部屋に移動させることによって、室内を温める。冷房するときは、その逆で、室内の熱を汲み上げ、外に放出し室内を冷やしている。

このしくみによって、ヒートポンプは「1」の電気エネルギーを使って「6」以上の熱エネルギーを取り出すことができ、非常にエネルギー効率が高い。

また、燃焼システムを持たないヒートポンプは、CO_2 を排出しないのも特徴である。

ヒートポンプの能力表示について理解しよう

ヒートポンプの能力は、COP または APF という数値で表される。

ヒートポンプが用いられているエアコンや、自然冷媒ヒートポンプ給湯器の性能を示す値として、これまでは「COP」が多く使われてきた。COP とは「成績係数」のことで、ヒートポンプユニットを一定の温度条件のもとで運転した場合の1kW当たりの運転効率を表している。しかし、外気温の条件によって効率が変わるため、COP は実際の値にそぐわない場合があり、新たに導入されたのが「APF」である。

APF とは「通年エネルギー消費効率」のことで、年間を通して５つの条件で運転環境を定め、消費する電力1kW当たりの冷暖房や給湯の能力を表す。そのため、COP より APF のほうがより実際に近い効率を示すことができる。

今後、ヒートポンプ機器の省エネ指標の目安は APF が主流となる見通しである。

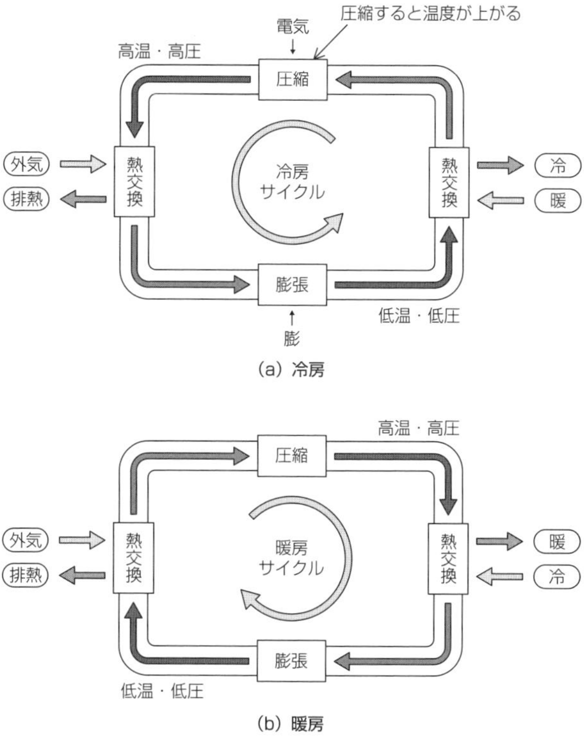

図 5·20　ヒートポンプのしくみ

表 5·2　COP と APF

COP	AFP
ヒートポンプのみの効率	システム全体の効率
エネルギー消費効率	通年エネルギー消費効率・年間給湯効率
一定の温度条件のもとで運転した場合の1kW当たりの運転効率	年間を通してある一定の条件下で使用した場合の1kWh当たりの消費電力量
$\frac{\text{定格能力〔kW〕}}{\text{低格消費電力〔kW〕}}$	$\frac{\text{1年間の冷暖房等にかかる熱量〔kWh〕}}{\text{1年間の消費電力量〔kWh〕}}$

5-10 太陽光発電の利用

まずは太陽光発電のしくみを知ろう

太陽光発電に必要な太陽電池モジュールは、太陽光エネルギーを吸収して直流の電気に換えるエネルギー変換器である。半導体のなかに太陽光エネルギーが入ると、＋と－の電位差が生じる。そこに電極を取り付けることにより電気の取り出し口ができるので、直流の電気が生み出される。これが太陽光発電のしくみである。

現在はシリコン結晶系太陽電池モジュールが、最もよく使われている太陽電池用半導体材料である。結晶シリコンのうち単結晶系は、効率が高いがコストも高いのが欠点である。最も普及しているのは多結晶系。効率は少し低くなるが低コストである。

太陽電池モジュールで生まれた直流の電気は、パワーコンディショナと呼ばれる変換装置で電力会社が供給する電気と同じ交流電力に変換される。これが家庭で利用できる電気となり、さまざまな家電製品に使用される。また、余った電気は電力会社に売ることができる。

これまでは、一般住宅（10kW 未満）での余剰電力買い取り価格は1kW 当たり平均 24 円であったが、2009 年 11 月より制度が整備され、一旦 48 円に引き上げられたが、翌年には 42 円に値下がりし、2013 年 4 月以降は 38 円まで引き下げられた。2013 年度(2013 年 4 月 1 日から 1 年間)中に太陽光発電を設置して、買い取りの申し込みをすると今後の買い取り価格が下がった場合でも、10 年間は 38 円で買い取る制度もある。買い取り価格は変動するので、必ず調べることが大切である。

太陽光発電は元が取れるの？

太陽光発電は「元が取れますか？」と聞かれるが、元を取るには、①～③の条件がそろわないと難しい。

①　日当たりがよく 3kW 以上の太陽電池モジュールが設置できる条件であること。理想的には南面設置だが、東・西面設置でも 15 ～ 20%程度の発電ロスはあるが設置は可能である。ただし、北面設置や周囲に障害物がある場合に

は避ける。3kW 以上で可能な範囲でできるだけ多くの太陽電池モジュールを設置するとよい。

② 売電（余剰電力）が多く発生するライフスタイルである太陽光発電システムのコストメリットを考えるうえでは、できるだけ安く電気を買って高く売ることが重要となり、そうすると回収年数が短くなる。また、昼間の電力料金は夜間や早朝と比較すると高額な電力となるため、昼間に家族がいて消費電力量が多い家にはあまり向かない。

③ 補助金がもらえること。補助金の制度や金額は年々変わっているので最新の制度を調べることが重要である。

太陽電池モジュールは上手に設置しないとダメ

太陽電池モジュールは、一般には屋根置き型が主流だが、ビルなどでは壁設置型や、窓ガラスを兼ねたものもある。発電量は設置機種や設置環境、季節、使用状況などにより異なるが、一般の家庭では 3 ～ 6kW のものを設置する。設置の傾斜角度は 20 ～ 30° で、真南が最適である。

太陽電池モジュールの受光方位に高い建物や大きな木がある場合は、太陽電池モジュールに影がかかり、周囲からの錯乱光によって 10 ～ 40％程度の発電しか得られなくなるので注意すること。

太陽電池モジュールの設置は、南面に広く設置でき、周囲に障害物がない場所が適している。設置費用は 1kW で 65 万円程度だが、自然エネルギー促進施策の一環として、国や地方自治体による補助金制度があるので、設置の際には問い合わせるとよい。

設置後は定期的な点検が必要となる。寿命は太陽電池モジュール（表面が強化ガラスで保護されているタイプ）で 20 年以上、パワーコンディショナで 10 ～ 15 年といわれている。

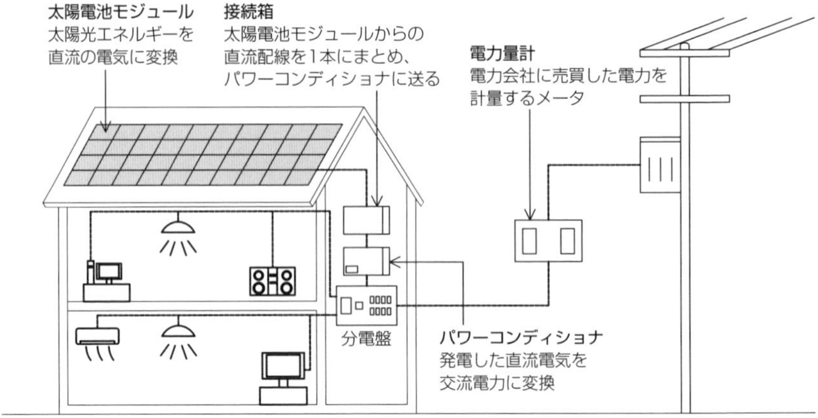
太陽電池モジュール
太陽光エネルギーを
直流の電気に変換
接続箱
太陽電池モジュールからの
直流配線を1本にまとめ、
パワーコンディショナに送る
電力量計
電力会社に売買した電力を
計量するメータ
分電盤
パワーコンディショナ
発電した直流電気を
交流電力に変換

図 5·21　太陽光発電に必要な機器

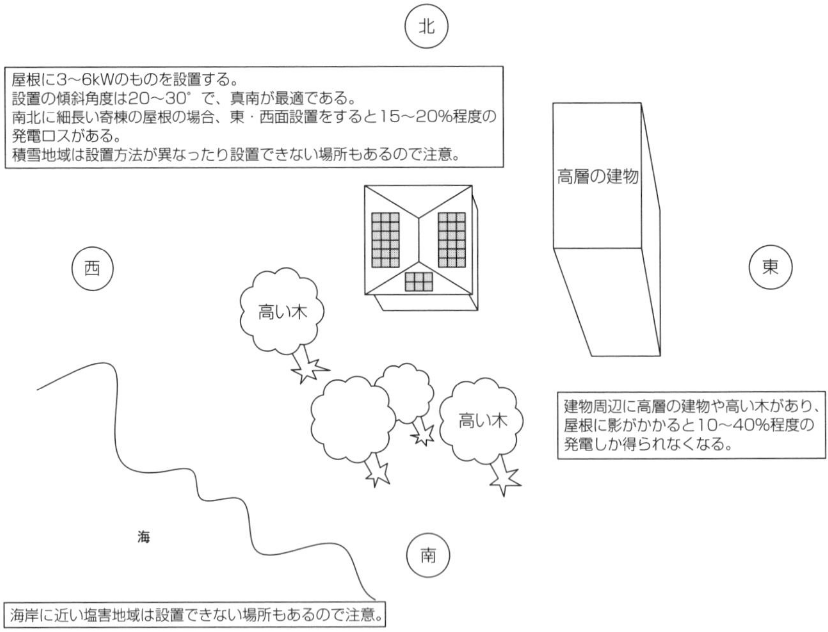
北
屋根に3～6kWのものを設置する。
設置の傾斜角度は20～30゜で、真南が最適である。
南北に細長い寄棟の屋根の場合、東・西面設置をすると15～20%程度の
発電ロスがある。
積雪地域は設置方法が異なったり設置できない場所もあるので注意。
高層の建物
西
東
高い木
高い木
建物周辺に高層の建物や高い木があり、
屋根に影がかかると10～40%程度の
発電しか得られなくなる。
海
南
海岸に近い塩害地域は設置できない場所もあるので注意。

図 5·22　太陽電池モジュール設置のポイント

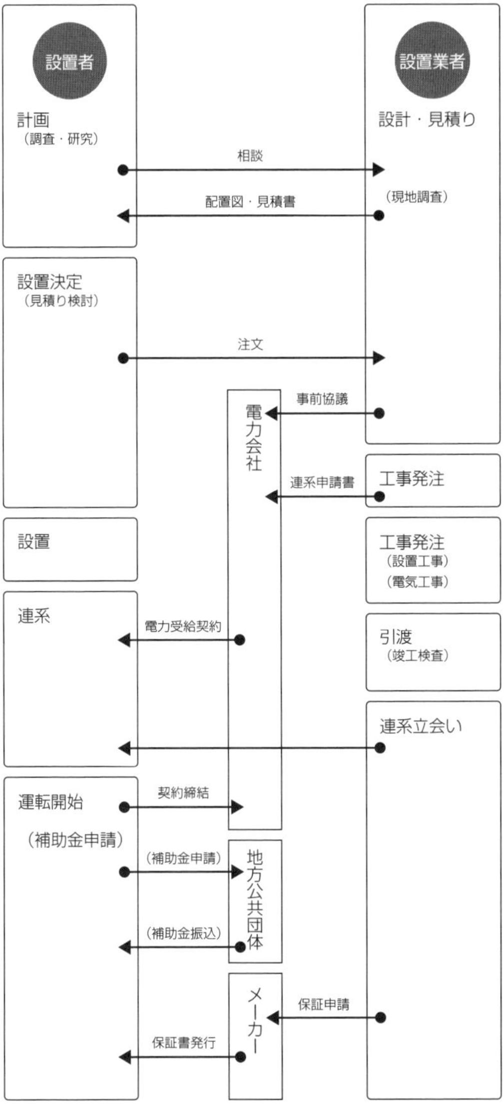

図 5·23　導入計画から運転まで

（太陽光発電協会ホームページより）

5-11 太陽熱温水器の利用

太陽熱温水器には２種類あります

戸建住宅（寒冷地以外）のエネルギー消費のうち、年間を通していちばん使用されているのは給湯用だといわれている。そのエネルギー消費量を減らす手段として、太陽熱を利用した温水器の採用は非常に有効といえる。

太陽熱を回収し、温水として利用する太陽熱温水器には「自然循環型」と「強制循環型」の２種類がある。

■ 自然循環型

古くから広く普及している自然循環型は、集熱パネルと貯湯タンクが一体となった構造である。電力が不要であり、自然対流の原理を利用して貯湯タンクに湯を蓄える。30～50万円程度と比較的安価で、日常的に太陽熱温水器を利用できる。ただし、貯湯タンクを屋根に載せるため、設置時の屋根への荷重を考慮する必要がある。

自然循環型には、さらに「開放型」と「水道直圧型」がある。開放型はタンクと給水栓の高低差を利用して給湯を行うため、水圧の確保がポイントとなる。これに対して水道直圧型は、高い給湯圧力が確保できる。一般的には平板型が多く採用されているが、このほかにも、水道直圧型の一種で、集熱器の集熱部と貯湯部が一体となった「真空貯湯型」がある。ガラスに覆われた円筒状の集熱器のまわりに湯を貯めるしくみで、集熱効率や保温力が高い。

■ 強制循環型

強制循環型は、屋根の上の集熱パネルと地上の貯湯タンクを分離させて設置するものである。パネルとタンクの間に冷媒を循環させて湯をつくり蓄える方式で、価格は多少割高だが、貯湯量が多く、高い水圧が確保できる。また、冬でも湯温が上がりやすいので利用価値が高い。より積極的に太陽熱を利用するシステムとして、給湯だけでなく、床暖房への利用も可能である。

SOLAMO って何？

バルコニーで太陽熱を集め、給湯に利用する太陽熱利用ガス温水システムが「SOLAMO（ソラモ）」である。太陽エネルギーとガス給湯器を組み合わせた戸建住宅向けの温水システムで、ベランダに設置した集熱パネルが吸収した熱で貯湯タンク内の水を温め、熱が足りない場合にはガスを使って湯を沸かす。

SOLAMO を利用すると、3 人家族の給湯使用量のうち約 16% を太陽熱でまかなうことができる。また、従来の給湯器と比べて、ガス使用量と CO_2 排出量を約 29% 削減できる。

なお、ガス給湯器には高効率の「エコジョーズ」を使用している。

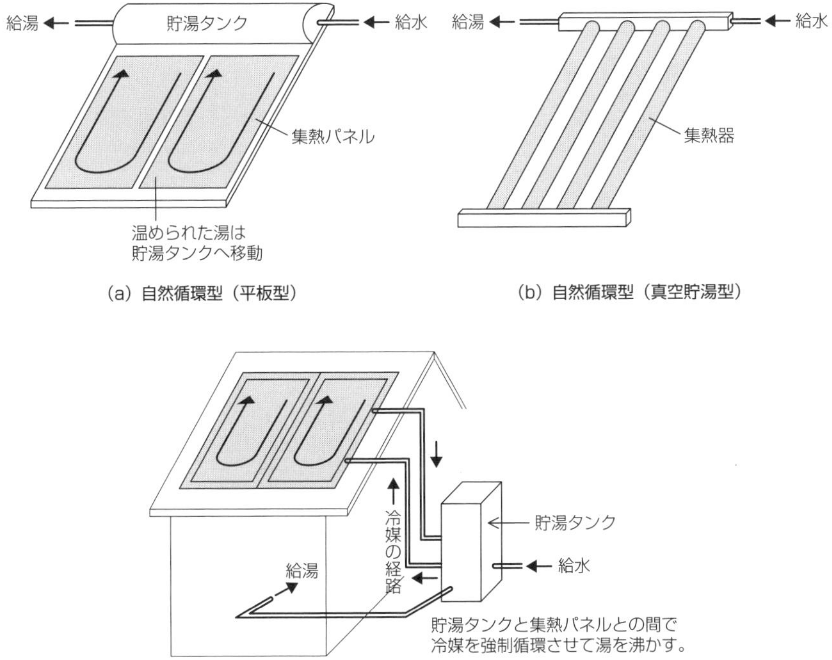

(a) 自然循環型（平板型）

(b) 自然循環型（真空貯湯型）

(c) 強制循環型

図 5·24　太陽熱温水器の種類としくみ

5-12 エコキュートの利用

エコキュートって知ってる?

エコキュートとは、家庭用の自然冷媒ヒートポンプ式給湯器の愛称である。給湯時に燃焼が伴わないため、CO_2 を排出しない。ヒートポンプユニットと貯湯タンクユニットで構成され、給湯や床暖房に利用する。

設置スペースと配線に気をつけよう

設置場所の検討

基本的にはキッチン・浴室など、給湯場所のそばに設置するのが望ましい。ヒートポンプユニットの運転音は、約38dBでエアコンの室外機と同等以下だが、年間を通じて深夜に稼働するため、隣家からクレームがくる可能性もあり、設置場所は慎重に決める。

設置スペースの確保

貯湯タンクユニットは室外、室内ともに設置は可能だが基本的な設置に必要なスペースはカタログに記載されている「据付所要スペース」を参考として検討する。設置スペースの他に、貯湯ユニットの前面はメンテナンスのために600mm以上のスペースを確保することが重要である。

給湯配管や追焚き配管に各器具までの高さ方向の制約があるので注意。

配管の注意

貯湯タンクユニットからの排水は90℃以上の耐熱配管を使用し、間接配管とする。また、ヒートポンプユニットからの排水も確保する。

電気の配線も重要です

アンペアブレーカまたは主開閉器の1次側から分岐して配線する方法と、分電盤から専用回路で配線する方法がある。外部コンセントは使用不可で、必ず200Vの専用回路で直結接続する。また、アースを確保する。

電力契約は「時間帯別契約」または「季節別時間帯別契約」とする。

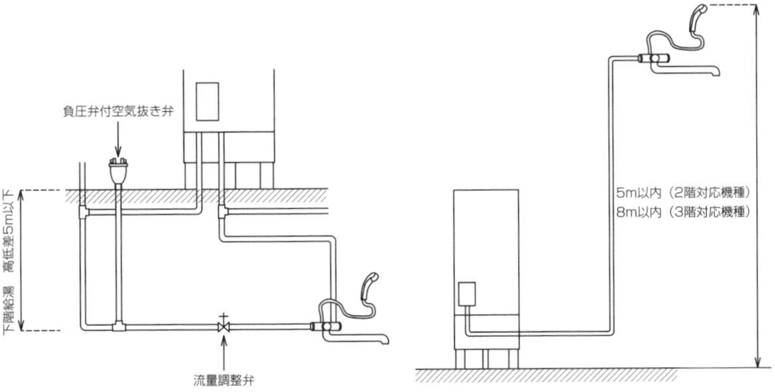

（a）給湯配管の制約

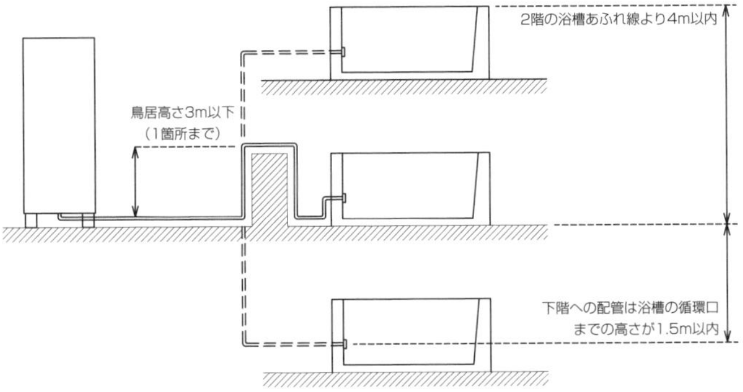

（b）貯湯ユニットと浴槽の据付基準

※超高圧タイプのエコキュートを採用すると、3階浴槽の対応も可能。

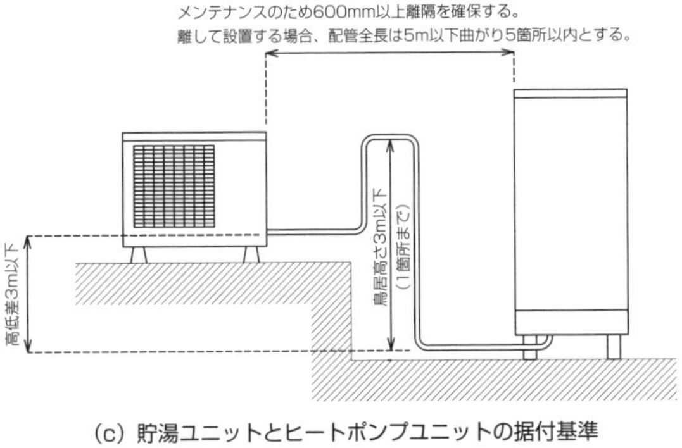

（c）貯湯ユニットとヒートポンプユニットの据付基準

図 5·25　エコキュートの設置基準

5-13 エネファームの利用

エネファームが使用する電池はどんな電池？

エネファームは、家庭用燃料電池を使ったコージェネレーションシステム。

燃料電池とは、水の電気分解の逆反応の原理を利用したもので、水素を燃料として電気をつくり出すものである。燃焼を伴わず、酸性雨の原因となる窒素酸化物や硫黄酸化物、CO_2 もほとんど発生させない。発電時に排出するのは主に水だけであり、その水は燃料改質時の水蒸気として利用される。

燃料電池の原理を家庭用に応用した家庭用燃料電池は、都市ガスや LP ガス、灯油などから燃料となる水素を取り出し、空気中の酸素と化学反応させて電気をつくる。燃料（水素）自体が持っているエネルギーを直接電気エネルギーに変換するため、発電効率が高いのが特徴である。さらにエネファームは、発電時の排熱も利用するため、総合的なエネルギー効率は 80％程度になるといわれている。家庭に導入できる発電システムとしては、最も新しい技術といえるだろう。

また、エネファームは天候や時間などに左右されず暮らしに合わせて発電できることが大きな特徴である。

メリット・デメリットを把握しよう

エネファームの発電能力は 700 ～ 750W で、稼働させると電気と熱が発生する。電気は家庭内の電源として、熱は湯をつくるために使われる。

湯は貯留タンクに貯められ、給湯能力は 24 号。エコウィルと同様に燃焼方式の特徴を生かした補助熱源機をもつため、湯切れの心配がないのもメリットの 1 つである。稼働していないときや、最大発電量を上回る電気を使用した場合には、電力会社からの電気を利用するため、電気が不足することもない。

また、エンジンやタービンが必要ないため、騒音や振動がほとんど発生しない。そのため、ほかの発電装置と比べると、非常に低騒音・低振動である。エコウィルと同様、学習機能によって電気・給湯・暖房の使用が多い時間帯を中心に運転する。

イニシャルコストは非常に高額ではあるが、ガス会社によってはエコウィルやエネファームを設置した場合に割引を受けられるガス料金メニューが適用されることもある。そのほか、国や自治体の省エネ促進の一環として、導入の補助金制度や住宅ローンの金利を優遇する金融機関もある。

また、燃料電池の寿命はおおよそ 4 万時間といわれている。年数に換算すると 10 ～ 12 年が目安となる。

※エネファームを単独で設置した場合には、電力会社との系統連携契約もなく、たとえ余剰電力が発生した場合でも売電はできない。

正しくエコシステムを導入するために

暮らし方との調和が最重要

エコ技術・設備の選択において、最も重要となるのは住い手の暮らし方と調和させることである。高価な設備を導入しても、十分な効果を発揮させることができなかったり、逆にランニングコストが割高になるなどのこともある。

たとえば、太陽光発電は、日中在宅して電力を使う家庭では投資しても回収は難しいが、逆に日中不在がちの家庭には、高い価格での売電可能となりお勧めできる。

このように、設計者として、エコ設備機器の特徴やシステムを十分に理解した上で、住い手の暮らし方と調和させ最大限メリットのあるエコ設備を選択する必要がある。

5-14 高効率照明

効率のよい「Hf 蛍光灯」

現在普及している光源のなかで、コスト面・効率面から最もよい光源は Hf 蛍光灯といわれている。インバータ式で、ほかの点灯方式より効率が高く、消費電力を抑えることができる。一般的な蛍光灯と比べると、同じ消費電力で 1.5 倍の明るさが得られる。

次世代の光源「LED」とは何か

蛍光灯に次ぐ次世代の光源として期待されているのが、電流で発光する半導体の一種である LED である。LED には、水銀を使わない、長寿命、小型・軽量、低温でも発光効率の低下が少ない、省電力、熱線・紫外線が少ない、調光・点滅が可能、衝撃に強い、光色が多彩など、白熱灯や蛍光灯にはない特長が多い。弱点は発光素子である半導体が熱に弱いことで、電力を高めて発熱が増えると、発光効率が低下する。

また、電球型 LED は直線的な配光なため、照明器具の真下は明るいが周囲には光が届きにくくなる。そのため、ダウンライトなどの器具には適しているが、リビングなどの部屋全体を明るくしたい場所に使用すると空間を暗く感じさせるので注意が必要である。

LED 照明（電球）の特長を知って活用しよう

■ 長寿命

通常、白熱電球の寿命は 1,000 ～ 2,000 時間、蛍光灯の寿命は 6,000 ～ 12,000 時間程度といわれている。これに対して LED の寿命は 40,000 ～ 60,000 時間である。なお、白熱球や蛍光灯は寿命になると突然切れるが、LED は寿命になると照度が落ちてくるだけで突然切れることはない。LED の寿命は「初期全光束の 70％になるまでの総点灯時間」と規定され、通常カタログ記載の寿命はこれに基づいた推計値である。

■ 省電力

LED の消費電力量は、白熱電球の 1/5 ～ 1/8 といわれており、蛍光灯と比較しても50%程度削減されている。

■ 赤外線・紫外線の放射がほとんどない

LEDの光には赤外線がほとんど含まれていないため、照射部分が熱くなることがない。また、紫外線もほとんど含まれていない。そのため、照射しても褪色・劣化しにくいので、美術品を展示する場所などに適している。また、昆虫が光に引き寄せられるのは、光に紫外線が含まれているため、紫外線をほとんど含まないLED照明を使用すれば虫が集まることも防げる。

■ すぐに明るくなる

LEDの点滅応答速度は、白熱電球の約1,000倍といわれている。オン/オフが多く、即応性を求められるトイレや洗面所などの照明に適している。

5-15 風力発電

風力発電のしくみを知ろう

風力で風車を回し、その回転運動を発電機に伝えて電気エネルギーをつくり出すのが風力発電である。太陽光発電との最大の違いは、昼夜関係なく 24 時間電力を回収できることで、太陽光発電とは逆に冬期のほうが発電量を多く確保できるのが特徴である。年間を通じて風が強いところではかなりの発電量を見込むことができる。ただし、立地条件により発電量の差が大きくなるため、事前に風況調査を行う必要がある。また、強風時の安全対策も十分に検討しておくことが重要だ。

風車の違いも把握しよう

家庭用の小型風力発電機の風車には「水平軸型」と「垂直軸型」がある。水平軸型は、発電能力が高い分、風向きの変化に対応しづらい。垂直軸型は、どの方向からの風にも対応できるので、弱い風でも発電が可能である。

発電された直流の電気は、バッテリーに蓄電（充電）され、インバータで AC100V に変換したのちに電源として利用する。発電量は 0.3 ～ 2kW 程度で、家庭用電源の一部として使われたり、玄関やエクステリアの照明用電源などに使用される。製品のなかには、太陽電池と併用のハイブリッドタイプもある。

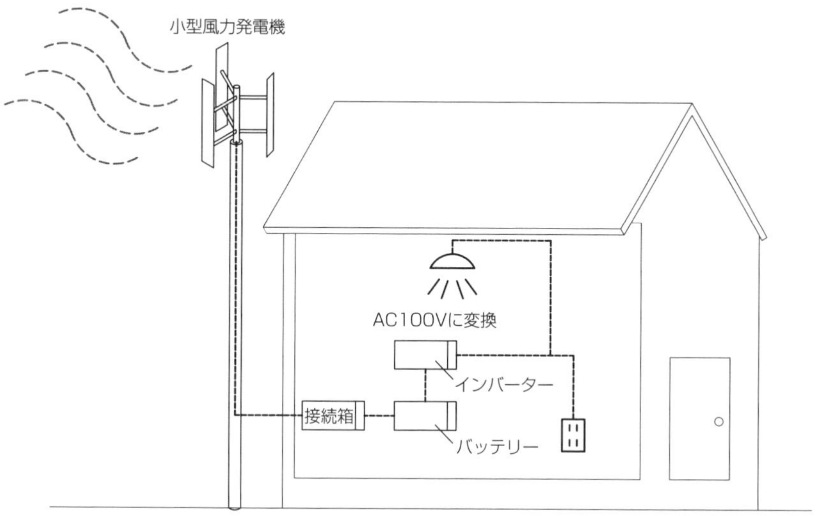

図 5·26　小型風力発電のしくみ

5-16 雨水の利用

雨水利用について考えてみる

日本の年間平均降水量は世界の年間平均降水量と比べて 2 倍近くあるが、1 人当たりの水資源量は世界平均の 1/5 といわれる。

一般的に、住宅などの屋根に降った雨は雨樋から敷地内の雨水桝と排水管を経由して、下水道本管（または雨水本管）へ流れる。その雨を貯留槽に貯め、樹木への散水、トイレの洗浄などに利用したり、夏期は打ち水や屋根への散水などに利用することは、ヒートアイランドの防止にも効果的である。また、非常用水としても有効である。

貯留雨水を利用するには？

たとえばトイレを洗浄する水は、1 日 1 人当たり 50ℓ、4 人家族では 200ℓともいわれている。常時 200ℓの貯留雨水があれば 1 日のトイレ洗浄がまかなえるが、雨は毎日降らないため、降雨時に大量に貯水できる大型タンクを設置しておかなければ、雨水をより有効に活用することはできない。そこで、トイレの洗浄に利用する場合は、雨水タンクの水が不足したときのために上水道も接続しておく（その場合、クロスコネクションに注意する）。また、降りはじめの雨は埃などの汚れが多く含まれているため、トイレの洗浄水に雨水を利用すると衛生器具や配管の耐久性を下げるおそれがある。本格的に利用する場合は、水質のよくない初期雨水は簡便なろ過装置を設置し処理するのが望ましい。

雨水だけでなく、エアコンのドレン水などを再利用することも有効である。

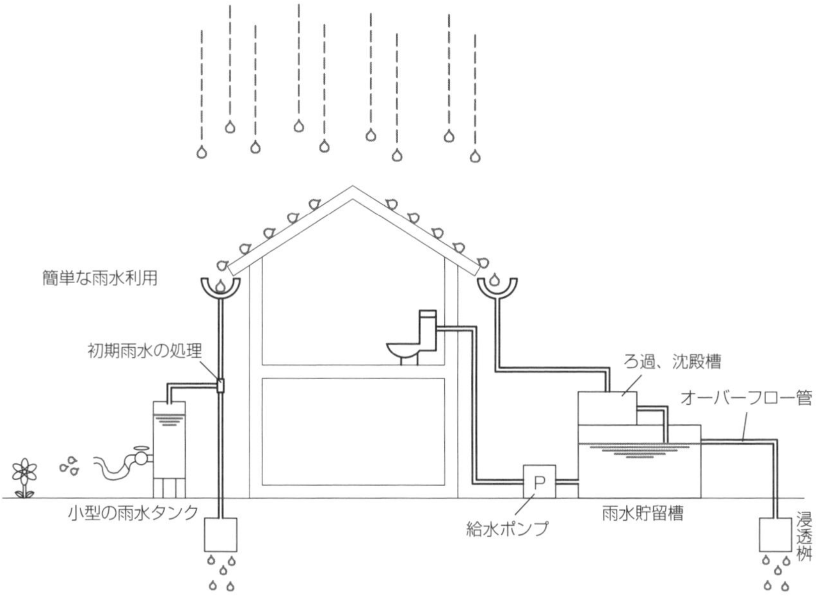

図 5·27　雨水利用のしくみ

表 5·3　用途別の雨水処理方法

植栽への散水	トイレ
無処理で使用可能。ただし、簡易的なタンクの場合は藻やボウフラが発生するおそれがあるため定期的に確認すること	初期雨水の処理のみでほぼ無処理で使用可能。ただし、温水洗浄便座は上水道を使用

5-17 地中熱

地中の温度は安定しています

地中熱は、地下5mより深くなると、地上の気温変化に関係なく1年を通して15～18℃で安定する。また、地中熱はほかの自然エネルギー（太陽熱、風力など）と比べても気候や立地などの条件に左右されず、常に安定した効果が得られることが特徴である。地中熱を利用する主なシステムとして、パッシブ型とアクティブ型の2種類がある。

パッシブ型地中熱利用システムって何？

夏季は地中温度より外気温度のほうが高く、冬季は地中温度のほうが外気温度より高い。外気温と地中温度の差を利用して熱交換するシステムである。

クールチューブは、建物のまわりや下に地中1～3m程度の外気と室内を結ぶパイプを埋め込むシンプルな構造である。夏季の19～21℃の地中熱を利用し、夏の暑い外気を地中で冷やして室内に送る考え方である。

また、地下5m程度までパイプを埋め込む、地中熱利用換気システムがある。地下深くパイプを埋め込み、さらに床下には蓄熱体を設けることで、より安定した効果を得ることができる。パイプを縦に埋め込むため、狭小スペースでも利用可能である。

パッシブ型地中熱利用システムは、外気を直接ではなく、地中を介して温度調整してから室内に取り込むため、冷暖房負荷の軽減にも役立つ。

なお、計画の際は、できるだけ空気の体積を確保することが重要である。構造的に必要となる建物下部のピット空間を空気の通り道として利用すると効果的である。

アクティブ型地中熱利用システムって何？

地中50～100mの深さに地中パイプを埋設し、水や不凍液を循環させ、ヒートポンプの熱源として利用するシステムである。

ヒートポンプ式エアコンは、外気温度によって能力が左右されるが、地中熱を利用することにより、1年を通して安定した能力が得られることが特徴。また、冷暖房時の室外機からの不快な排熱がない。

井戸を掘削する費用や水質によっては熱交換器の設置などが必要となり、かなり高額な費用となるため既存の井戸がある場合などに採用するとよい。

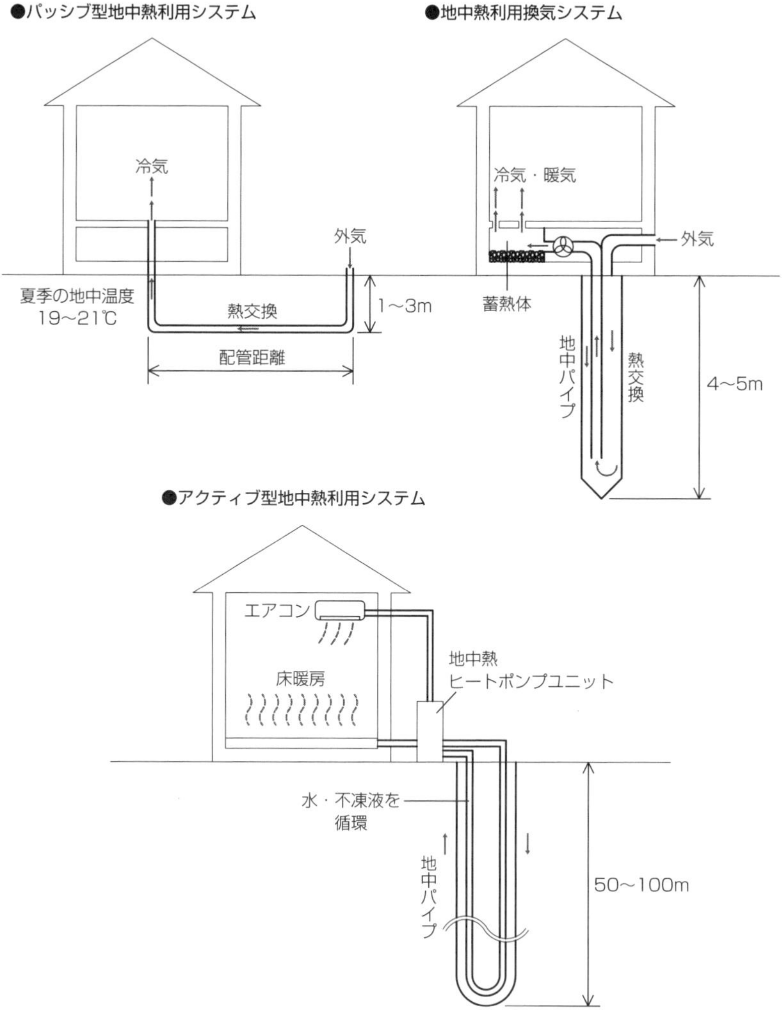

図 5·28　地中熱利用システムの概念図

第6章

事例でみる省エネ設計のポイント

6-1 風道の家

■ 場所

東京都国分寺市

■ 建物概要等

家族構成：夫婦＋子ども1人

協働設計：アーキエア（二瓶渉）・ymo（山田浩幸）・空間工学研究所（岡村仁）

施工：Team-low energy house（TH モリオカ）

敷地面積：105.62m^2（32 坪）

建築面積：63.14m^2（19 坪）

延床面積：84.44m^2（25 坪）

構造：RC 造＋木造

■ テーマ：風をどこから取り込むか

計画地の南面にある隣の大きな屋敷の竹林から吹いてくる涼しい風を建物空間につなげていくことが設計のテーマである。

南側からの涼風を効率よく建物に導くこと、また、冬の日差しをいかに多く取り入れられるかという２つのテーマを可能とするための屋根形状の検討に時間を要した。間口が狭い建物の南側のリビングの開口部をできるだけ大きくとることができ、また、排出口となる北面の開口部をできるだけ高い位置に設け煙突効果を得たいと検討した結果、採用したのがバタフライルーフである。

建物内では、風道が途切れないように、各室を仕切る建具はすべて開閉できる引き戸を採用し、夏はすべて開け放すことによって、建物全体に風を通すことができ、冬には引き戸を締め切って小さい空間へと変化し、暖房エネルギー負荷を抑制する。

また、半地下に埋め込んだ個室（寝室）の窓の外には、竹林からの涼風にさらなる冷却行うためにミスト散水の仕掛けを行った。気化熱効果によって冷やされた空気は、個室から吹抜け空間を介して上層へとつながり涼風が通り抜ける。

冬は太陽光を熱として取り込み、取り込んだ熱は、南開口部の室内側に設置した、断熱引き戸を閉じることによって、取り込んだ熱を逃がさない効果を持つ。

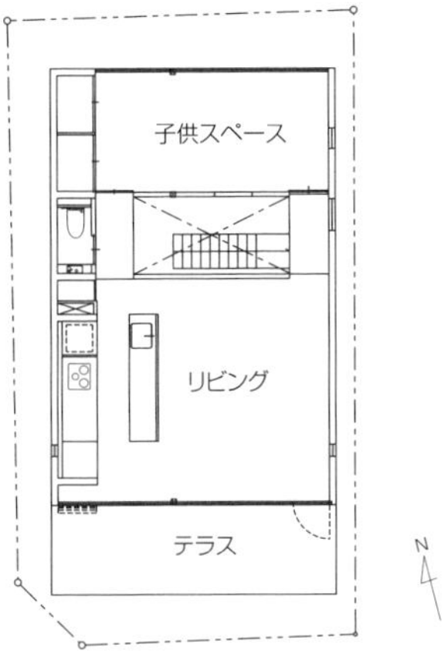

2階平面図 S=1/250

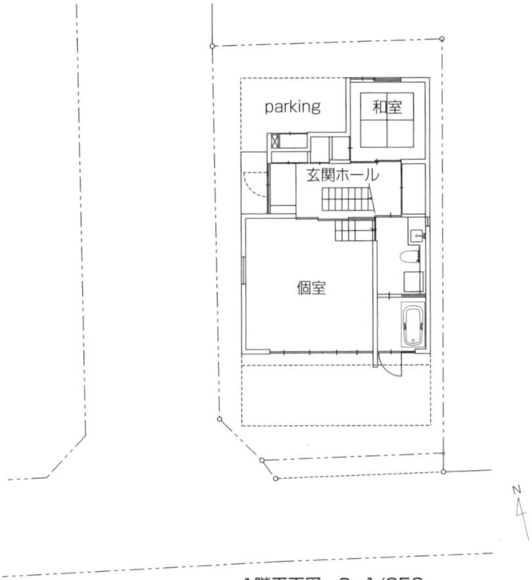

1階平面図 S=1/250

図 6·1

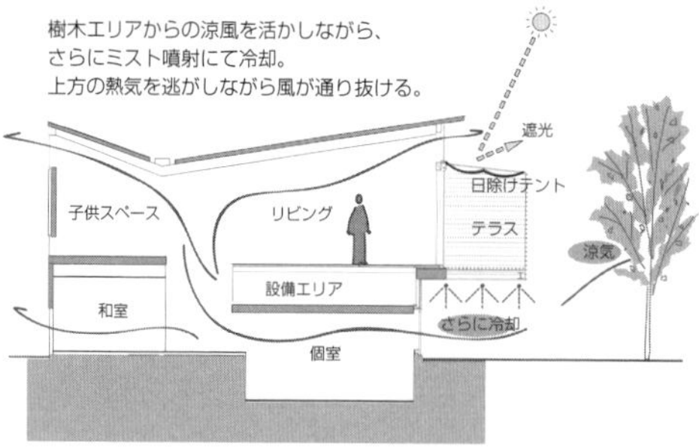

第6章 事例でみる省エネ設計のポイント

樹木エリアからの涼風を活かしながら、
さらにミスト噴射にて冷却。
上方の熱気を逃がしながら風が通り抜ける。

（a）夏期　ウインドモード　昼間

防犯に配慮するためにルーバーで守られたサッシュにより、
風を取り入れる。
高低差によって風が促されるように、ハイサイドサッシュを設置。

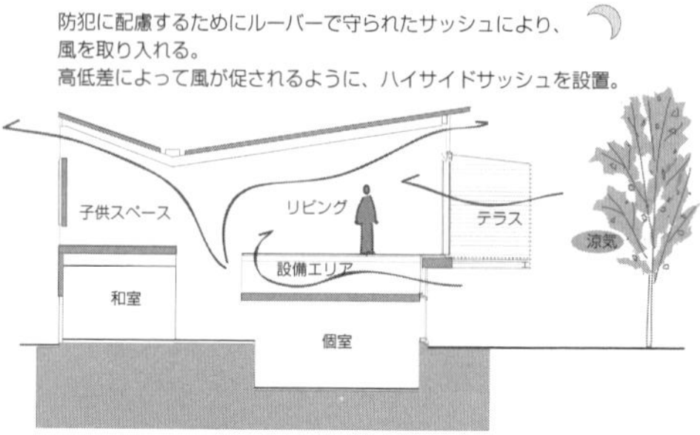

（b）夏期　ナイトパージモード　夜間

冬期の角度の浅い太陽光を直接室内に取り込み、
太陽熱を直接利用する。
上部に溜まった暖気を送風機によって吹き降ろす。

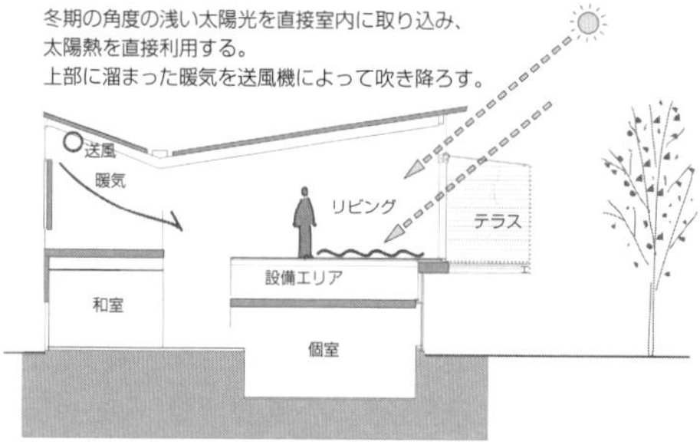

（c）冬期　サンライトモード　昼間

日中取入れた熱を逃がさないように、サッシュの前面を
断熱引戸にて防御してダイレクトゲインを利用する。
設備エリアに設置した放射パネルにより上下を同時に暖める。

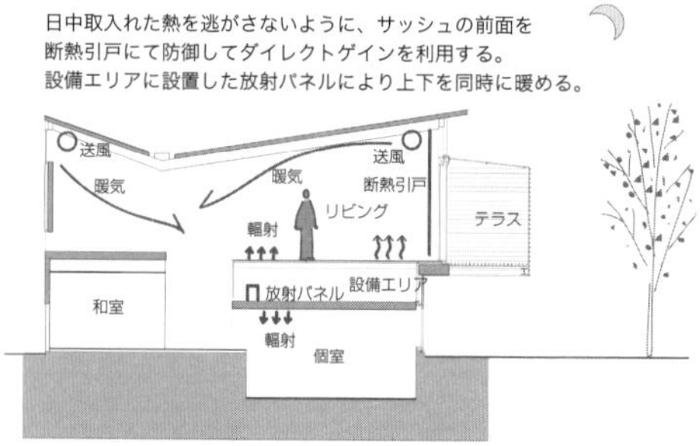

（d）冬期　ダイレクトゲインモード　夜間

図6·2

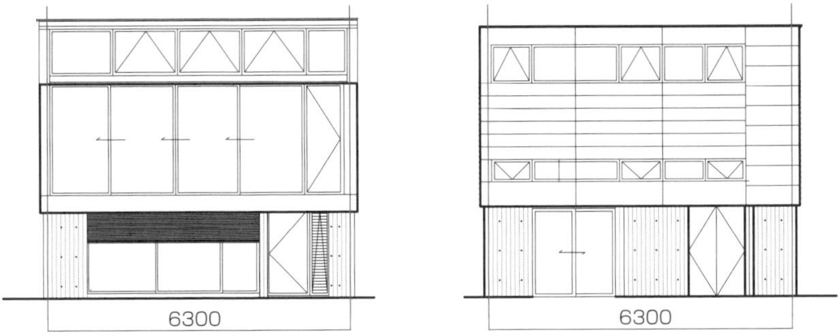

(a) 南側立面図　　(b) 北側立面図

図 6·3

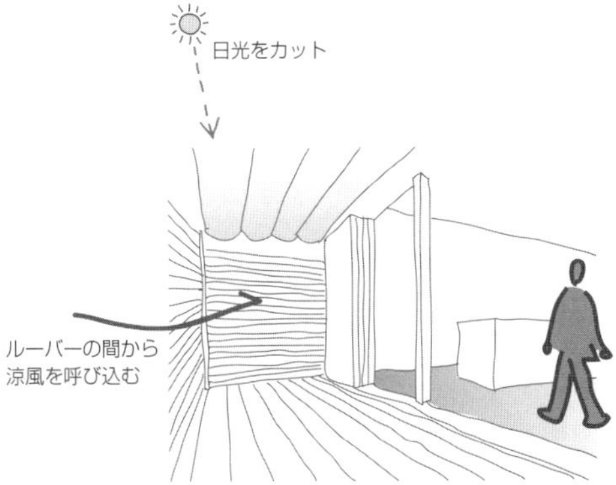

図 6·4

図 6·5
(撮影：坂下 智宏)

6-2 facing true south

■ 場所

石川県金沢市

■ 建物概要等

家族構成：夫婦

協働設計：ナカエ・アーキテクツ（中永勇司）・オーノ JAPAN（大野博史）・ymo（山田浩幸）

施工：加賀建設

敷地面積：243.52m^2（74 坪）

建築面積：121.75m^2（37 坪）

延床面積：167.72m^2（51 坪）

構造：木造

■ テーマ：屋根の形と日差しの関係

「できるだけ室内が明るい家にして欲しい」という建て主の強い要望により、冬の日差しを効率よく取り入れ、夏の日射による熱負荷を軽減させるために、南面に大きく開く変則的な屋根の形へとたどり着いた。

南面に大きな開口部と適切な長さの庇を設ければ夏期には室内への日射を遮り、冬期には取得することができる。しかし、開口部が南面から振れて南東面や南西面を向けば、夏期には朝や夕方に東や西からの日射を受け、冬期には取得量が減少してしまう。この住宅では屋根面に設けた２つのハイサイドライトを真南に向けることで、１年 365 日時々刻々と変化していくさまざまな気象条件に対して、日射の遮蔽と取得の最適化を可能としている。

金沢で最高気温が 30℃以上となる８月 24 日頃までの日射を完全に遮蔽するように開口部の大きさと庇の長さを決定している。

この結果、この住宅の２階では薄曇りの日でも照明が不要となり、照明負荷の削減にも成功している。

夏期にはポーチ下に設けた開口部から涼風を取り込み、室内上部から排気することで自然通風による熱気の排出を促し、冬期には室内上部に溜まった暖気をダクトファンにより１階床下を通して循環させ空調負荷の低減を図っている。

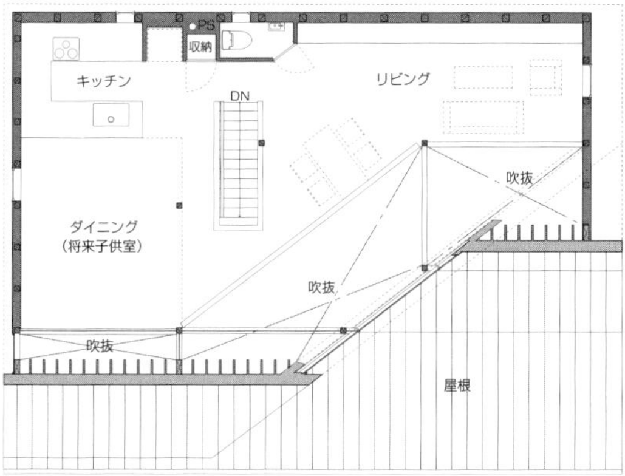

（a）2階平面図　S＝1/200

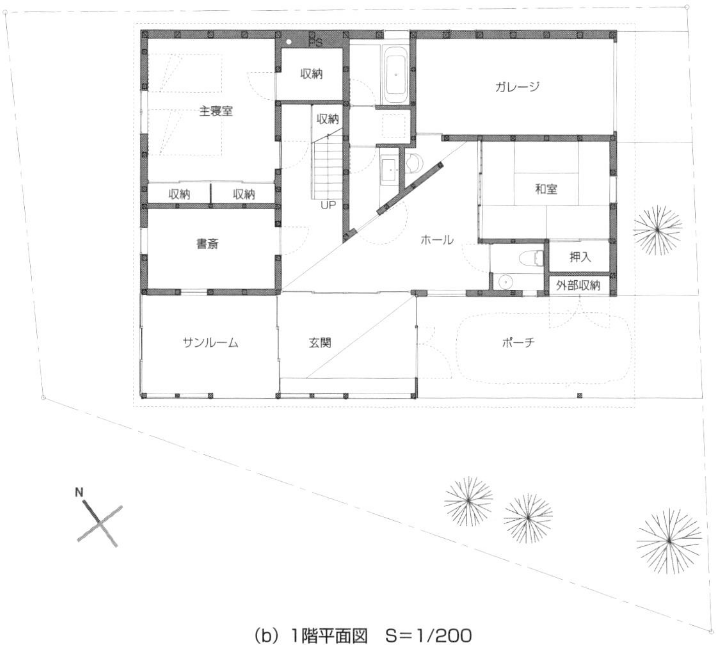

（b）1階平面図　S＝1/200

図 6·6

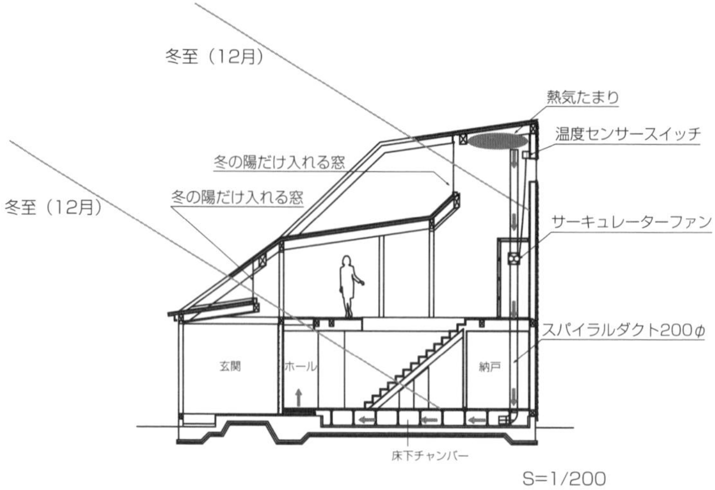
冬至（12月）
冬至（12月）
熱気たまり
温度センサースイッチ
冬の陽だけ入れる窓
冬の陽だけ入れる窓
サーキュレーターファン
スパイラルダクト200φ
玄関
ホール
納戸
床下チャンバー
S=1/200

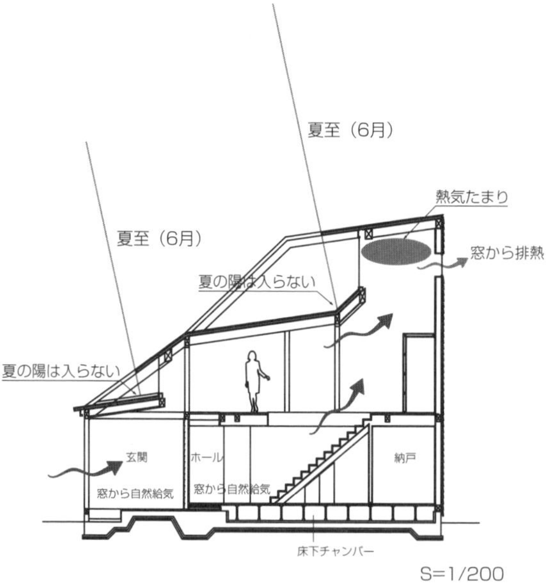
夏至（6月）
夏至（6月）
熱気たまり
窓から排熱
夏の陽は入らない
夏の陽は入らない
玄関
ホール
納戸
窓から自然給気
窓から自然給気
床下チャンバー
S=1/200

図 6·7

図 6·8
（撮影：ナカエ・アーキテクツ）

図 6·9
（撮影：ナカエ・アーキテクツ）

6-3 Ｙ邸

■ 場所

山梨県甲府市

■ 建物概要等

家族構成：夫婦

協働設計：ミサワホーム東京・ｙｍｏ（山田浩幸）

施工：新津組

敷地面積：320.83m^2（97 坪）

建築面積：122.39m^2（37 坪）

延床面積：159.68m^2（48 坪）

構造：木造

■ テーマ：OMソーラーとの戦い

コスト的に非常に厳しいためＯＭソーラーを諦めざるを得ない状況のなか、同じような効果を違う方法で、しかも低コストで実現できないか？　というのが設計のテーマであった。

そのため、屋根傾斜を OM ソーラーのための南傾斜から、日差しを積極的に室内に取り込める北側傾斜に変更、また、トップライトを５箇所に設け、より冬の太陽熱を室内に取り入れる計画とした。取り入れた日差しを天井付近に設置した、集熱ファンとダクトで回収し、床下に送風するシステムに変更した。これに要した費用は、ＯＭソーラーの 1/10 以下のコストであり、かつ、同様の効果を得ることができた。

夏季は、軒による日射遮光と南面開口部と上部のトップライトを開放することによって通風を確保する計画としている。また、５箇所のトップライトには夏季の遮光用に外部スクリーンが取り付けられている。

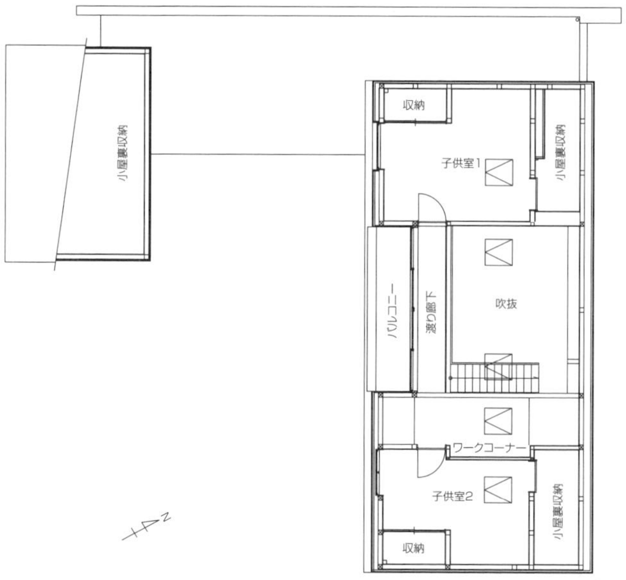

(a) 2階平面図　S=1/200

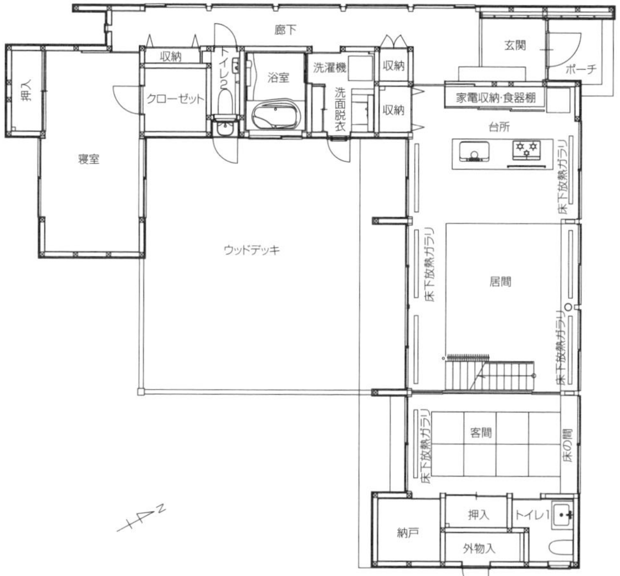

(b) 1階平面図　S=1/200

図 6·10

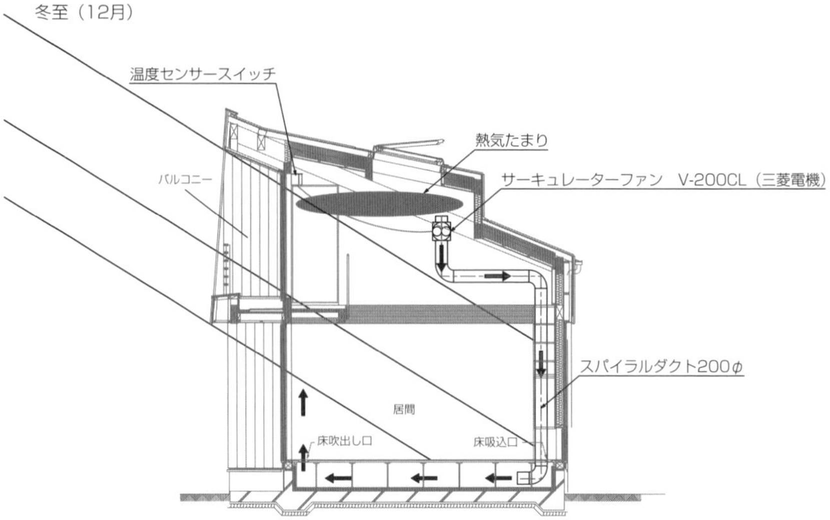

(a) 冬季（熱回収ダクトシステム）

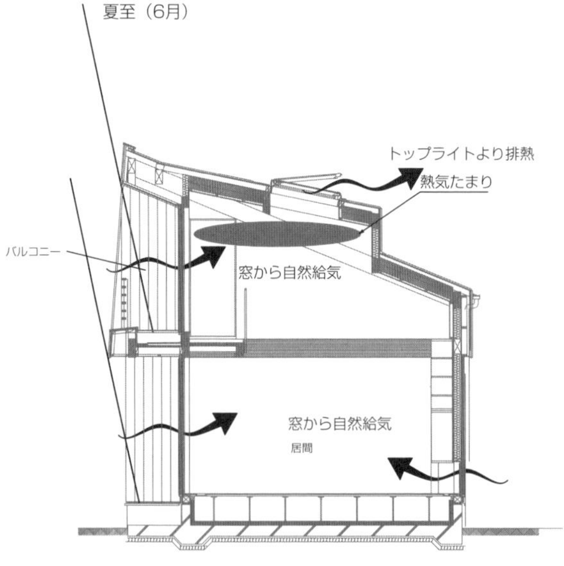

(b) 夏季（熱気排出用窓の設置）

図 6·11

図 6·12

図 6·13
（撮影：ミサワホーム東京）

図 6·14
（撮影：ミサワホーム東京）

図 6·15
（撮影：ミサワホーム東京）

図 6·16
（撮影：ミサワホーム東京）

6-4 湧き水の家

場所

滋賀県東近江市

建物概要等

家族構成：夫婦

協働設計：ケミカルデザイン（奥村俊慈）・ymo（山田浩幸）・ARUP　JAPAN

施工：大宝柊木／蒲生工務店

敷地面積：666.49m^2（201坪）

建築面積：228.09m^2（69坪）

延床面積：313.79m^2（95坪）

構造：S造

テーマ：太陽と風、そして井戸水

建て主からの要望は、井戸水を積極的に利用し、夏は涼しく、冬は暖かい快適な住宅であった。地下10mほど掘削したところ、毎分30L、15℃の地下水が自噴してきた。この地下水を建物南側の大水盤と5tの地下水槽へ一旦貯水する。大水盤上空を通過する南風は井水の気化熱によって冷やされ、建物南側の縁側へと導く。さらに、縁側と居間の間仕切り部に冷却用放熱パネルを設置し、これに井戸水を通すことによって、さらなる二次的冷却を行い、居間へと導く。屋根形状は北側が上部となる片流れ形状を採用し（冬の太陽熱集熱のため）、北側最上部の開口部を開けることによって、水盤と冷却用放熱フィンによって冷やされた涼風が、間仕切りを開け放つことによって家の中を通り抜ける計画となっている。

また、冷却用放熱フィンを通った井水は少し高い温度となって、建物屋根面から散水され、屋根表面全体を冷却しながら、水盤へと落下する。

冬季は屋根裏空間を大きな集熱チャンバとして利用し、日差しがある場合はこの屋根裏集熱チャンバに暖気を一旦溜め、温度センサによって、集熱ファンとダクトによって床下空間へ送風され、北側リビングダイニングの窓際から吹き出すシステムとなっている。冬の日差しを屋根裏に効率よく集熱できる形状とするため南傾斜の屋根形状とした。

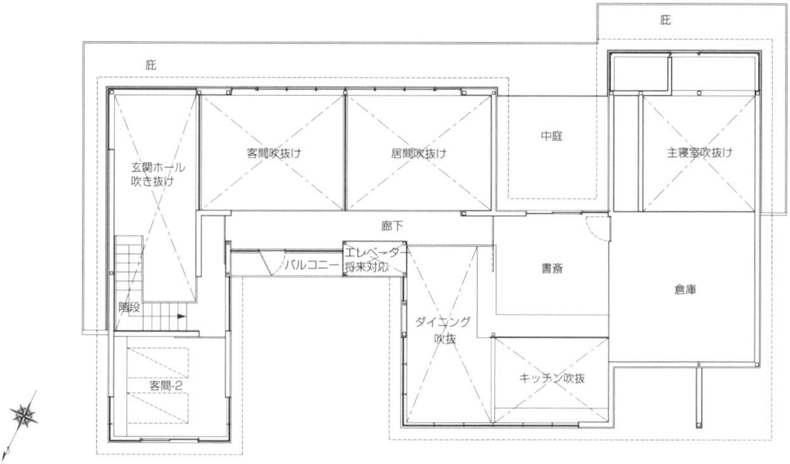

(a) 2階平面図　S=1/250

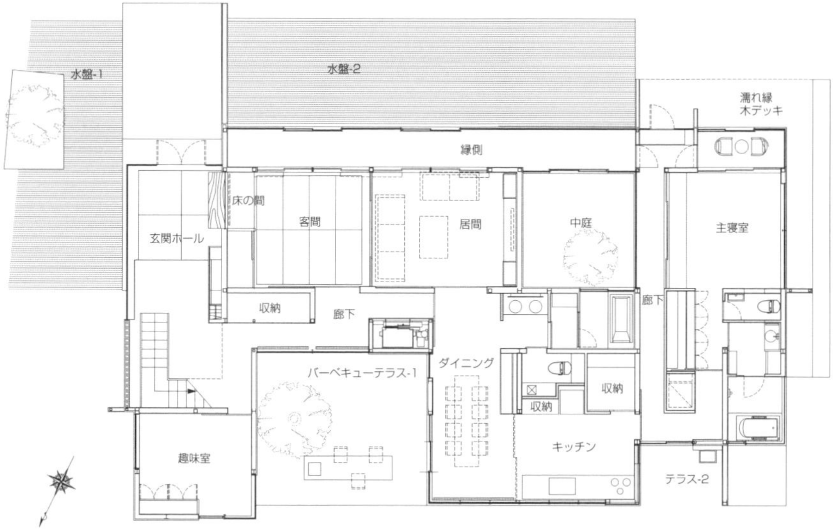

(b) 1階平面図　S=1/250

図 6·17

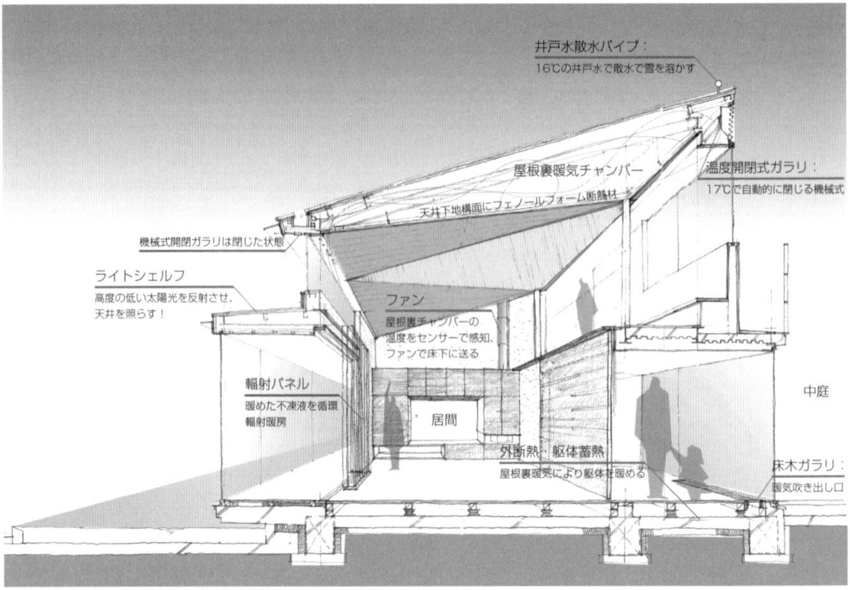
井戸水散水パイプ：
16℃の井戸水で散水で雪を溶かす
屋根裏暖気チャンバー
温度開閉式ガラリ：
17℃で自動的に閉じる機械式
天井下地構面にフェノールフォーム断熱材
機械式開閉ガラリは閉じた状態
ライトシェルフ
高度の低い太陽光を反射させ、
天井を照らす！
ファン
屋根裏チャンバーの
温度をセンサーで感知、
ファンで床下に送る
輻射パネル
暖めた不凍液を循環
輻射暖房
居間
中庭
外断熱・躯体蓄熱
屋根裏暖気により躯体を暖める
床木ガラリ：
暖気吹き出し口

図 6·18

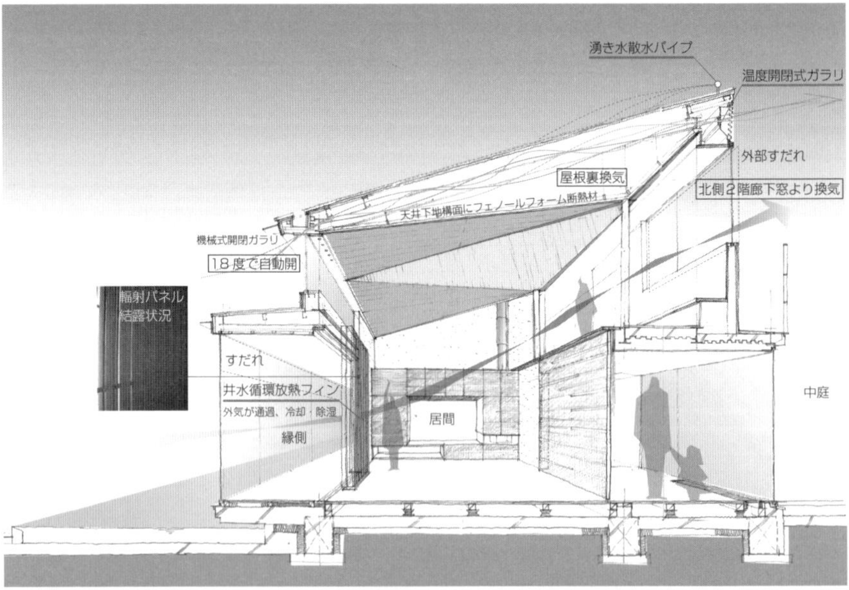
湧き水散水パイプ
温度開閉式ガラリ
外部すだれ
屋根裏換気
北側２階廊下窓より換気
天井下地構面にフェノールフォーム断熱材
機械式開閉ガラリ
18度で自動開
輻射パネル
結露状況
すだれ
井水循環放熱フィン
外気が通過、冷却・除湿
縁側
居間
中庭

図 6·19

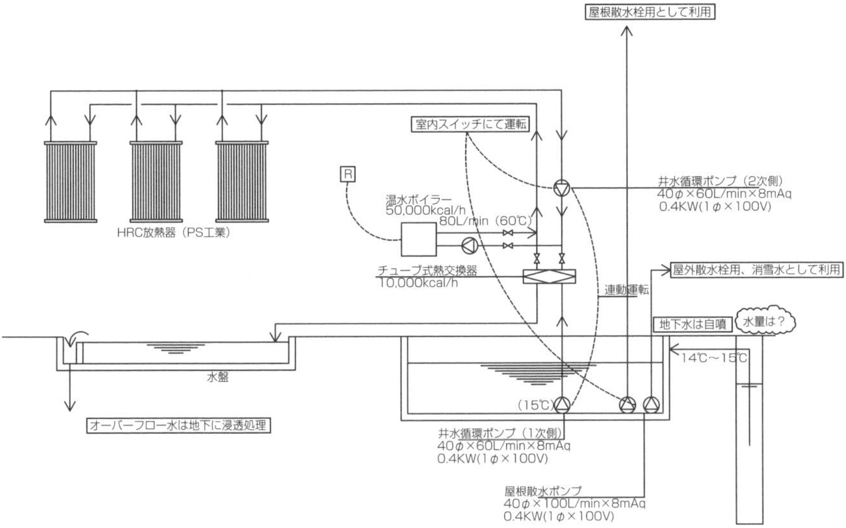
屋根散水栓用として利用
室内スイッチにて運転
R
井水循環ポンプ（2次側）
40φ×60L/min×8mAq
0.4KW(1φ×100V)
温水ボイラー
50,000kcal/h
80L/min（60℃）
HRC放熱器（PS工業）
チューブ式熱交換器
10,000kcal/h
屋外散水栓用、消雪水として利用
連動運転
地下水は自噴
水量は？
14℃～15℃
水盤
(15℃)
オーバーフロー水は地下に浸透処理
井水循環ポンプ（1次側）
40φ×60L/min×8mAq
0.4KW(1φ×100V)
屋根散水ポンプ
40φ×100L/min×8mAq
0.4KW(1φ×100V)

図 6·20

図 6·21

図 6·22

図 6·23

索引

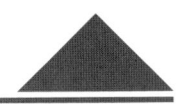

さ行

た行

な行

は行

ま行

や行

ら行

わ行

〈著者略歴〉
山田浩幸（やまだ　ひろゆき）
設備設計者 / 環境エンジニア
1963 年新潟県生まれ。
読売東京理工専門学校卒後、郷設計研究所を経て、2002 年 yamada machinery office 合同会社設立。
「平安郷プロジェクト」第 6 回環境・設備デザイン賞 2007 優秀賞
「湧き水の家」第 10 回 JIA 環境建築賞住宅部門入賞
「風道の家」住まいの環境デザイン・アワード 2012 環境デザイン最優秀賞など。
環境との共生をテーマにした先進的な設備設計による受賞歴多数。

〈主な著書〉
『エアコンのいらない家』
『世界で一番やさしい建築設備』
『建築設備パーフェクトマニュアル』
『ストーリーで面白いほど頭に入る建築設備』（以上、エクスナレッジ）など

まるごとわかる住まいの建築設備
—快適な環境を作る設備設計の考え方—

平成 25 年 11 月 25 日　　第 1 版第 1 刷発行

著　　者　山田浩幸
企画編集　オーム社 開発局
発 行 者　竹生修己
発 行 所　株式会社 オーム社
郵便番号　101-8460
東京都千代田区神田錦町 3-1
電話　03（3233）0641（代表）
URL　http://www.ohmsha.co.jp/

組版　トップスタジオ　　印刷・製本　エヌ・ピー・エス
ISBN978-4-274-06947-5　Printed in Japan